中信改革发展研究基金会 · 中国道路丛书 · 译丛

龙的腾飞

中国走向复兴的故事

[法] 欧阳烨（Homéric de Sarthe）
[法] 丹尼斯 · 杰奎特（Denis Jacquet）/著
法意/译

中信出版集团 | 北京

图书在版编目(CIP)数据

龙的腾飞:中国走向复兴的故事/(法)欧阳烨,(法)丹尼斯·杰奎特著;法意译.--北京:中信出版社,2021.6
(中国道路)
ISBN 978-7-5217-3135-4

Ⅰ.①龙… Ⅱ.①欧…②丹…③法… Ⅲ.①中国特色社会主义—社会主义建设模式—研究 Ⅳ.①D616

中国版本图书馆CIP数据核字(2021)第082207号

龙的腾飞:中国走向复兴的故事

著　　者:[法]欧阳烨 [法]丹尼斯·杰奎特
译　　者:法意
出版发行:中信出版集团股份有限公司
　　　　(北京市朝阳区惠新东街甲4号富盛大厦2座　邮编　100029)
承 印 者:北京达利顺捷通印科技有限公司

开　　本:880mm×1230mm　1/32　　印　　张:7　　字　　数:121千字
版　　次:2021年6月第1版　　印　　次:2021年6月第1次印刷
京权图字:01-2020-3656
书　　号:ISBN 978-7-5217-3135-4
定　　价:52.00元

“中国道路”丛书学术委员会

编 委 会

“中国道路”丛书总序言

中华人民共和国成立60多年以来，中国一直在探索自己的发展道路，特别是在改革开放30多年的实践中，努力寻求既发挥市场活力，又充分发挥社会主义优势的发展道路。

改革开放推动了中国的崛起。怎样将中国的发展经验进行系统梳理，构建中国特色的社会主义发展理论体系，让世界理解中国的发展模式？怎样正确总结改革与转型中的经验和教训？怎样正确判断和应对当代世界的诸多问题和未来的挑战，实现中华民族的伟大复兴？这都是对中国理论界的重大挑战。

为此，我们关注并支持有关中国发展道路的学术中一些有价值的前瞻性研究，并邀集各领域的专家学者，深入研究中国发展与改革中的重大问题。我们将组织编辑和出版反映与中国道路研究有关的成果，用中国理论阐释中国实践的系列丛书。

“中国道路”丛书的定位是：致力于推动中国特色社会主义道路、制度、模式的研究和理论创新，以此凝聚社会共识，弘扬社会主义核心价值观，促进立足中国实践、通达历史与现实、具有全球视野的中国学派的形成；鼓励和支持跨学科的研究和交流，加大对中国学者原创性理论的推动和传播。

“中国道路”丛书的宗旨是：坚持实事求是，践行中国道路，发展中国学派。

始终如一地坚持实事求是的认识论和方法论。总结中国经验、探讨中国模式，应注重从中国现实而不是从教条出发。正确认识中国的国情，正确认识中国的发展方向，都离不开实事求是的认识论和方法论。一切从实际出发，以实践作为检验真理的标准，通过实践推动认识的发展，这是中国共产党的世纪奋斗历程中反复证明了的正确认识路线。违背它就会受挫失败，遵循它就能攻坚克难。

毛泽东、邓小平是中国道路的探索者和中国学派的开创者，他们的理论创新始终立足于中国的实际，同时因应世界的变化。理论是行动的指南，他们从来不生搬硬套经典理论，而是在中国建设和改革的实践中丰富和发展社会主义理论。我们要继承和发扬这种精神，摒弃无所作为的思想，拒绝照抄照搬的教条主义，只有实践才是真知的源头。“中国道路”丛书将更加注重理论的实践性品格，体现理论与实际紧密结合的鲜明特点。

坚定不移地践行中国道路，也就是在中国共产党领导下的中国特色社会主义道路。我们在经济高速增长的同时，也遇到了来自各方面的理论挑战，例如将改革开放前后两个历史时期彼此割裂和截然对立的评价；例如极力推行西方所谓“普世价值”和新自由主义经济理论等错误思潮。道路问题是大是大非问题，我们的改革目标和道路是高度一致的，因而，要始终坚持正确的改革方向。历史和现实都告诉我们，只有社会主义才能救中国，只有社会主义才能发展中国。在百年兴衰、大国博弈的历史背景下，中国从积贫积弱的状态中奋然崛起，成为世界上举足轻重的大国，成就斐然，道路独特。既不走封闭僵化的老路，也不走改旗易帜的邪路，一定要走中国特色的社会主义正路，这是我们唯一正确的选择。

推动社会科学各领域中国学派的建立，应该成为致力于中国道路探讨的有识之士的宏大追求。正确认识历史，正确认识现实，积极促进中国学者原创性理论的研究，那些对西方理论和价值观原教旨式的顶礼膜拜的学风，应当受到鄙夷。古今中外的所有优秀文明成果，我们都应该兼收并蓄，但绝不可泥古不化、泥洋不化，而要在中国道路的实践中融会贯通。以实践创新推动理论创新，以理论创新引导实践创新，从内容到形式，从理论架构到话语体系，一以贯之地奉行这种学术新风。我们相信，通过艰苦探索、努力创新得来的丰硕成果，将会在世界话语体系的竞争中造就立足本土的中国学派。

“中国道路”丛书具有跨学科及综合性强的特点，内容覆盖面较宽，开放性、系统性、包容性较强。其分为学术、智库、纪实专访、实务、译丛等类型，每种类型又涵盖不同类别，例如在学术类中就涵盖文学、历史学、哲学、经济学、政治学、社会学、法学、战略学、传播学等领域。

这是一项需要进行长期努力的理论基础建设工作，这又是一项极其艰巨的系统工程。基础理论建设严重滞后，学术界理论创新观念不足等现状是制约因素之一。然而，当下中国的舆论场，存在思想乱象、理论乱象、舆论乱象，流行着种种不利于社会主义现代化事业和安定团结的错误思潮，迫切需要正面发声。

经过 60 多年的社会主义道路奠基和 30 多年的改革开放，我们积累了丰富的实践经验，迫切需要形成中国本土的理论创新和中国话语体系创新，这是树立道路自信、理论自信、制度自信、文化自信，在国际上争取话语权所必须面对的挑战。我们将与了解中国国情，认同中国改革开放发展道路，有担当精神的中国学派，共同推动这项富有战略意义的出版工程。

中信集团在中国改革开放和现代化建设中曾经发挥了独特的作用，它不仅勇于承担大型国有企业经济责任和社会责任，同时也勇于承担政治责任。它不仅是改革开放的先行者，同时也是中国道路的践行者。中信将以历史担当的使命感，来持续推动中国道路出版工程。

2014 年 8 月，中信集团成立了中信改革发展研究基金会，构建平台，凝聚力量，致力于推动中国改革发展问题的研究，并携手中信出版社共同进行“中国道路”丛书的顶层设计。

“中国道路”丛书的学术委员会和编辑委员会，由多学科多领域的专家组成。我们将进行长期的、系统性的工作，努力使“中国道路”丛书成为中国理论创新的孵化器，中国学派的探讨与交流平台，研究问题、建言献策的智库，传播思想、凝聚人心的讲坛。

孔丹

2015年10月25日

目　录

| PART 2 |

龙的归来

前言

中国向世界其他地区进军的速度比埃隆·马斯克进军火星的速度还快，不久，中国就将成为世界上最大的经济体。中国也是世界上为数不多的几个能够实现自给自足的经济体之一，其拥有最大的外汇储备，在提升用户体验方面积累了丰富经验——这要归功于中国的14亿人口，对他们来说，智能手机可以称得上是“身体的延伸”。不难预料，中国人正在走向一个日益“移动化”的经济时代。

日复一日，中国正在重建曾经繁荣的丝绸之路，在走向世界投资贸易过程中，中国人也许会成为你的老板，但你并没有意识到这种可能性。如果你们的公司被认为拥有广阔的发展前景，甚至在世界贸易中有着举足轻重的地位，那么中国就会将目光移转于此。为增强发展自身实力，中国正不断拓宽各类资源和人才的供给渠道，其如今已在电子商务、大数据、人工智能等领域占据主导地位。中国不会像美国经常做的那样，通过战争来实现这一点，中国更喜欢开展投资和贸易。没有对峙，没有爆发性的冲突，投资和贸易是一股无形的力量。中国人做事时非常低调，虽在强光中前行，却总能在黑暗中寻得保护。中国的五年经济规划公开透明，敌对者们常常指责这些规划从未实现，但他们没有意识到，失败的规划只是因为管控不到位，一个强大的国家在政府的精细治理下，一定有能力掌控未来。西方之所以抨击和贬低中国模式，是因为被所谓的“民主”蒙蔽了双眼。要知道西方的民主已经失效了，我们一直以来用作参照标准的价值体系正在瓦解。

我们用西方价值观来评判世界，并认为自己仍然控制着世界，这样的想法越来越不真实了。因为假如我们的模式真的能给每个人或者整个社会带来进步，那它原本就可以得到尊重，但事实并非如此。

我们的电视节目中的那些经济学家和技术官僚似乎都忘记了，目前西方正在遭遇经济困境、制度破产、债务依赖、几近失控等压力，还饱受购买力政策之苦，很多人因此失去了工作。

而与此同时，中国经济却呈现出欣欣向荣的发展态势。我们的评论员总是那么开明，每年都在向我们宣传中国经济的爆炸式增长。中国已经意识到，必须自力更生才能真正掌控自己的命运，而不是像西方人那样依赖邻国的经济表现。

在西方技术成果的基础上，中国深耕大数据、人工智能、电力、可持续发展等领域，世界上很少有国家（也许美国除外）能够与之匹敌。中国将运用高新技术，直接或间接地把产品推向全球。

随着实力的增长，中国可以做出繁荣发展的承诺：每一代人都有一个更美好的未来。中国让西方人民看到了一种新的模式，而这些西方人仍沉浸在另一种文化中，希望用自己的方式来实现民主。我们长期依赖的民主是由什么组成的呢？这些拖沓且规章烦琐的民主，由冗长的讨论组成，孕育着消极怠惰的种子。这种民主并没能使人民满怀梦想，反而使大家笑出声来。这笑声应该是苦涩的吧？

中国人认为，西方的民主制度拖累了发展，而相形之下，他们则更加泰然自若——比起民主造成的经济萧条，一个对社会进步的承诺更能使人充满干劲，发奋工作。在一个能够使人们舒适地度过每个月底，而不是被债务困扰的国家生活，要比在制定所谓自由的宪法、债台高筑的国家生活更能让人安心。要知道，后者在全国各地都有面临失业的危机、沉重的赤字、摇摇欲坠的生产力和过时的政治阶层的蹂躏。

中国将是你们的新老板。她的世界观具有极强的适应性，就像中国书法一样，不管是横着写，还是竖着写，都能够被阅读，而我们西方却被自己的固有理念拖垮了。虽然我们仍然可以行动起来，但时间仅剩不到10年，甚至可能是5年。所以你最好试着学学中文，就从现在开始！

导言

在汉语中，中国的字面意思是“中央之国”。如今，中国也确实正在走近世界舞台中央。

中国的愿景很简单：再次成为世界强国，并获得其他国家的尊重。其主要目标有二：维护自身的政治体制，以及将各种形式的贸易延伸至世界各地。

在中国崛起的同时，那些曾经试图拖垮她的国家却正在衰落。在过去很长一段时间里，中国都在引进我们的工业技术，对外支付知识产权使用费，而如今，中国正在西方技术成果的基础上探索未来。中国从引进、学习追赶到完全自主创新，本质上是为了国家发展。富有的中国吸引人才并为之埋单，在每一个有前途的行业中几乎都是如此。

飞行员就是个好例子。未来10年，中国国内交通行业将会呈现爆发式的发展，包括航空领域人才缺口将超过16万。中国试图在未来培养更多的飞行员，因此她在世界范围内收购了多所飞行培训学校，并且提供了令很多飞行员甚至法航飞行员都无法拒绝的薪水。不久，我们国家航空公司的飞行员（真令人痛心！）将前往中国工作，即便在那里他们不可能像在国内那样随心所欲地罢工。

为了实现今天的成就，中国走过了漫长而艰辛的历程。中国的长城没能阻止西方人在过去的两个世纪中掠走本属于中国人的国际贸易，此时的中国人已经明白，“马其诺防线”是无用的，因此他们开始迂回包围，这就是玩围棋游戏的优势。法国是如何落到今天这个地步的呢？稍做回顾便可看到一个奋发的民族所引发的震撼人心的故事。

PART 1

当中国沉睡时

许多人预言了中国的觉醒。阿兰·佩雷菲特（Alain Peyrefitte）于1973年发表了一篇著名的文章——《当中国觉醒时，世界将会为之颤抖》，标题取自拿破仑的一句名言。曾经有一段时间，法国的确存在着远见卓识的人，但那是在信息时代之前，当时电视台为了养活电视栏目，并不在意人们在具体节目上说些什么。

然而，在20世纪80年代，当时预测中国是否会（以及如何）觉醒并不是一件易事。这个遥远东方国家的未来真是难以捉摸，就算对中国社会经济文化有一定了解，也不可能准确预测中国的发展方向。事实上，在中国，许多关键的决策都是在近15年内做出的，科技发展似乎激起了中国人征服未来的渴望。

中国一直强调要走中国特色的社会主义发展道路，并不想复制西方的资本主义发展道路。中国的做法与我们国家的做法形成了鲜明的对比——我们每天都在走向个人主义和金融资本主义，以便从一种更接近自身以及邻国俄罗斯的文化中获得灵感；中国人则选择了集体主义和共产主义，这更接近他们的文化，他们愿意为维持这种文化付出很高成本并应对各种风险。在西方，对个人权利和发展资本主义的有力的承诺使西方经济取得了成功，但现在却让我们尝到苦果。个人主义与社交网络上的孤独感相类似。久坐使我们肥胖，不管是身体还是思维都会变得油腻迟缓，金融资本主义毁掉了这个体系原本的美好。而中国人很快就明白了，那些能在巧妙取胜的同时坚守自身价值观的国家，才是最后的赢家。

西方人的傲慢态度，曾以近乎强暴的方式施加在中国人身上。历史上西方的侵略给中国人留下了惨痛的记忆，这些白人殖民者贪婪、傲慢、自欺欺人……他们很快就厌恶西方人，对西方留下了糟糕印象。

在摆脱了这些可怕的外国殖民者之后，中国在很长一段时间面对国外的封锁和包围，一度采取自力更生方式，关闭了自己市场的大门，直到改革开放后开放国门……

第一章
中国奇迹的开始

中国对外贸易的起源

丝绸之路：伟大与颓废

公元前138年，汉武帝为反击匈奴，并寻找新的通商之路，派张骞出使西域，向各国介绍汉朝情况，张骞通西域后，中国同西亚和欧洲发展通商关系，出口对它们来说最有价值的商品——丝绸，并建立了丝绸之路。国家垄断生产下的这种珍贵织物令西方列强垂涎，它们赞赏它的舒适性，并认为这是财富和等级的真正象征。凭借从丝绸交易中获得的不菲收入，汉朝开始加强军队建设，以对付觊觎其领土的人。

随着丝绸之路的发展，经商贸易活动从政府行为走向民间。面对日益增长的需求和越来越多的商人，一条真正有组织、有计划的贸易路线正在形成——著名的丝绸之路。这当然是中国古代国力雄厚的象征之一，我们在后文中还会围绕丝绸之路的话题展开讨论。

自新莽王朝建立后，西域诸国断绝了与该政权的联系，丝绸之路也因此而一度中断。公元1世纪，东汉时期的班超奉命出使西域，在帮助西域各国摆脱匈奴控制、加强中央政府与西域联系的同时，重新打通了隔绝多年的丝绸之路。这一时期内，东汉的使者最远曾到达波斯湾，将丝绸之路从亚洲延伸到了欧洲。

公元5世纪前后，在魏晋南北朝时期，丝绸之路形成三条主要通道，即西北丝绸之路、西南丝绸之路和海上丝绸之路。这一时期内，借助丝绸之路的便利，更多的佛经从印度传入中国，佛教在中国开始兴盛。

唐朝是丝绸之路发展的繁荣鼎盛期。大唐帝国是当时世界上首屈一指的强盛国家，经济文化发展均属前列，东西方交往也因此而更加频繁。佛教在中国发展至鼎盛，高僧玄奘西行取经的故事至今为人们所津津乐道。东正教（中国化后称作“景教”）、摩尼教（中国化后称作“明教”）分别从东罗马帝国、波斯传入中国，使中国的民间信仰更加多元化。与此同时，中国的技术也开始得到广泛传播，包括造纸术西传，先是进入了大食帝国（阿拉伯帝国），随后进入欧洲各国。此外，途经丝绸之路传入中国的器物也种类繁多，如海棠、波斯湾珍珠（海珠）等，唐朝时，中国人甚至习惯将其名称冠以“海”字。

宋朝时期，中央政府对西域的控制能力减弱。北宋时期由于版图缩水而无法有效地把控河西走廊，南宋时更无暇关照西北地区，丝绸之路走向衰落。但与此同时，海上丝绸之路逐渐崛起，这在一定程度上弥补了陆路交通中断所带来的负面影响。

1234年，蒙古皇帝窝阔台进攻中国东北部，打败了金国。成吉思汗逝世后，他的子孙将帝国继续扩大到土耳其。1279年，成吉思汗的孙子忽必烈从征服转向融合，他深切拥抱了汉文化，并与他那些更喜欢大草原和蒙古包的兄弟姐妹一同完成了大一统。

当时的贸易税收是各州收入的主要来源之一，为了在一定程度上确保商人安居乐业，蒙古人建立了“蒙古统治下的和平时代”，以保障其广大领土的安定。涂炭生灵的战争，最后总是屈服于有益于人类生存的事物——贸易！（正是在这个时候，最著名的商人马可·波罗出现了，我们金发碧眼的同胞们在说起这个人时，常常会忽略他所处的时代背景，这并不利于我们的孩子理解中国。）然后，一段“和平与繁荣”的时期开启了，在此期间，车队从东到西穿越平原和沙漠，各地商贾在绿洲周围建造的新城镇中相遇，并交换商品。频繁的贸易往来及其所带来的繁荣导致一些城市出现人口爆炸式增长，形成了多个贸易重镇。为了拓展与欧洲国家以外的国家进行贸易，人们还开辟了新的道路。

但是，繁华总有落尽的一天。明朝中期后，政府采取了闭关锁国的政策，对外贸易受到严格限制。虽然当时，随着造船技术和航海技术的不断发展，海上交通代之而起，但西亚形势发生重大变化，商人在这条漫长的道路上可能面临诸多危险，而帝国却无力确保其道路安全。这些都成了丝绸之路走向衰落的原因。

蒙古帝国的错位，明代与农业的兴起

在14世纪，蒙古帝国的发展逐渐与现实脱节，成吉思汗的后代们开始批判汉文化，宣扬蒙古制度的强大。文化冲突优先于商业现实，和往常一样，由于政治变革而关闭了贸易交流的大门。尽管皇帝曾对汉文化持开放态度，但元朝贵族对此却相当排斥，并在各领域拒绝汉文化的运用。反过来，汉人也开始排斥蒙古统治者。1368年，著名的元末农民起义者利用武装暴动掌握了大权，这标志着成吉思汗所建立的元朝统治的终结，汉人重新执掌了政权。

这段动荡不安的历史标志着蒙古和平时代的最终结束。与此同时，黑死病在全欧洲不断蔓延。中国关闭了大门，这虽然在保护卫生健康方面可能作用不大，但它似乎表明了中国的意愿，即让自己免受“来自别处”的威胁。由于闭关锁国的政策，中国限制了对外贸易，继而转向农业。这兴许包含着中国人对外界的戒心，也显示了她壮士断腕、浴火重生的能力。①理解这一机制和这些历史事件的重要性，对于我们理解当下的中国文化至关重要。

闭关锁国造成了东西方关系的决裂，这对欧洲人而言也许是恰到好处，因为他们已经学会了自己做丝绸——就像中国后来学习欧洲技术一样，欧洲也曾在历史上向中国学习。

---

① 此处作者将中国的闭关锁国归因于欧洲黑死病流行，并不完全与史实相符。事实上，明朝闭关锁国更多是出于应对北方游牧民族、警惕元朝后人反攻、在沿海地区防止反叛势力私通倭寇等方面的考虑，与在欧洲爆发的大瘟疫并无直接联系。——译者注

欧洲人把目光从东方转向了香料产地，为了获得这些主产于印度的产品，欧洲人正在建立一条新的海上航线——香料之路。就这样，一条路继承了另一条路，同时也开启了另一个故事。

丝绸之路的荒废导致丝路沿线城镇的消失以及商人的破产，在一定程度上影响了当时的贸易收入。随着人口迅速增长，国家必须要养活他们，而农业发展可以解决这一问题。明朝时期，政府把田地重新分配给农民，使他们能够自食其力。此后，中国又经历了一个重要的增长和繁荣时期。人们可以自给自足，并且用盈余换取其他商品。农业繁荣促进了贸易增长，中国商业正在重整旗鼓。人们总是有这样一种强烈的希望，想要利用特殊的才能和本领来获得财富，这即是说，用商业手段发家致富，纵横天下。除非被逼无奈，否则中国人绝不会诉诸武力。这和同时期欧洲人的做法正好相反。

海上航线：中国的优势

当时，明朝永乐皇帝下令建立一支舰队，并在1405年至1433年期间组织了多次远征。从形式上讲，舰队的目标是沿海岸航行，并与各国建立外交关系。这支舰队一直被所有专家认为是有史以来最大的海上舰队。该舰队之阵势，足以让沿线各国生敬生畏，从而起到通好他国、宣扬威德的作用。

领导这支舰队的是郑和，他是一位非常出色的外交家。他把金子、瓷器和丝绸等礼物放在货舱里，慷慨地送给当地人，等当地人在为性命安全一番提心吊胆后，才表达对明朝皇帝的善意，作为交换，中国皇帝也得到了礼物。（根据历史传闻，这些礼物里，最令皇帝和中国百姓们惊喜的其实是一只长颈鹿，尽管远离出生地，它却在皇帝的宫殿里度过了一段快乐的时光。）

有学者指出，1424年永乐皇帝去世，他的继任者以花销太大为由决定停止海上航线。当今的中国政府对所有这些历史故事了如指掌，并从中吸取了全部教训。

中国人经常被西方人指责为擅长抄袭、复制，过去也许有这样的情况，但是欧洲人才是抄袭的鼻祖，是我们带头粗暴地窃取了丝绸生产工艺。这就是为什么中国公司现如今在国际上越来越多地申请专利以保护它们的创新成果，中国永远不会忘记历史的教训。几个世纪以来，欧洲人开拓了一条海上航线，今天，中国人在海外投资建设了很多港口，中国正一如既往地筹划着，将海上航线纳入新丝绸之路的计划之中。

中国从历史中吸取的教训很简单：为了确保繁荣，必须控制边界，保障人民生计，并通过建立社会纽带来维护社会稳定。来自外部的某些不利因素也许是潜在问题的根源，因此，他们必须建立边界，并采取行动阻止其他人越界。

和平时期，有利于发明

中国认为，和平的状态更有利于国家的发展和创新。历史证明，这是对的，至少总体上是这样的，尽管（不幸的是）战争有时也是令人难以置信的创新来源之一。

中国认为，当疆域安定、人民安宁、政治安稳时，国家才有条件成长。历史是如此，现在更需要和平发展。每个人都在自己的位置上，专注于自己擅长的事情。西方式的民主被认为存在缺陷，存在效率的丧失。在审视和比较我们各自的民族命运后，这的确是个值得思考的问题。

随着时间的推移，中国传统作坊的手工工艺被传承下来，一些公司开始重新生产瓷器、打印纸、丝绸和棉花。师傅将知识传授给学徒，直到学徒有朝一日青出于蓝而胜于蓝，继续进行改进和创新。中国文化和中国书法有异曲同工之妙：因为复杂精深，所以需要用心掌握并时刻保持谦虚；因为是凝结数代人心血的力量源泉，所以必须加以复兴和改进。目前，中国正在进行“增量”创新。长期以来，中国对这种改进文化倍加青睐，这是在经历了无数次学习模仿后所探索出来的道路。

在中国自给自足的时期，中国的图书馆、研究人员，甚至军队都进行了创新。他们采取的方法和古代并无差别，只是投入了更多的创造力和更专注的创新精神，敢于进行颠覆，他们“刷新”了祖先留下的模式！

中国发明的不完全清单

世界上有多少人知道中国发明了纸、风筝、钟、火柴、火药和十字弓（中国弩在欧洲的称呼）？有多少人知道中国还发明了多米诺骨牌（比麻将简单），利用煤炭进行加热，并利用水力来研磨谷物？早在几千年前，中国就开始使用瓷器了，此外，还有指南针、罗盘和船舵。他们懂得为农业开采地下水。他们发明了地震仪、日晷和冰箱的祖先“青铜冰鉴”——放满冰的可封闭的青铜大容器。中国人还发明了指甲油，甚至还有纸币。

意大利面也是中国发明清单中的一部分。虽然没有证据表明马可·波罗真的去过中国，也无法证实他的确受到了中国皇帝的接见，但传说中，他把珍贵的中国面条的制作方法带回了意大利，并将这种美食发扬光大，成了意大利的招牌菜。

火药被中国人用来制造烟花，但也用来制造炸药——西方人正是凭借这种火药，造出火器，用来满足他们征服的欲望。这也是西方人令中国人厌恶的一点。

中国的特殊模式：政治与经济的双面性

如今，中国人发明了引领未来的工具。在西方人眼中，这个曾经位于班级末尾的学生，依靠赶超跨越的学习精神而跻身前列，如今她走上讲台，给西方学生讲课了。她的行动越来越快，借助其政权、财力、体量，以及参与世界治理的姿态，中国开始奋起。

得益于数字经济，中国人可以在治理上进行有效监管，他们能够实时收集领土上所有人口的数据，并在必要时进行干预，以解决各方面问题。

中国模式在西方人眼中无疑是具有双面性的。中国的经济从运作方式上来看符合市场经济逻辑，例如，无可估量的价值、与惊人的损失成正比的营业额、流水般的金钱、以数字价值为中心的证券交易所。但同时，中国的政体又与西方的民主体制不尽相同——她更注重对主流舆论的引导，中央政府在各领域都拥有更多权限和更大的权力。国有资本可以通过股权收购助力民营企业经营，并使之为国民经济的发展贡献力量。企业家们的工作与国家的前途和命运紧密关联，否则就会被时代的浪潮淘汰。

国家对市场经济的干预是宏观的，包括货币、海外投资、劳动力配置等方面。比如，中国大力援建非洲，就是将部分劳动力输送到非洲这块蕴含丰富原材料的大陆上。

中国速度

中国的步伐越来越快，那些困扰我们并使我们瘫痪的问题，已经被中国彻底摆脱。首先，中国有严密的管理体制；

其次，中国严格恪守经济繁荣的规则；最后，中国缩小了决策与研发、生产与市场之间的距离。为了确保凝聚力和流动性，中国有严谨的规划和生产计划安排，会预先妥善安排一切，以防止可能出现的争议。中国没有“防守区斗士”①，各项战略计划呈现出高效率和统一性。没有战略计划的企业最终会陷入困境。总的来说，这种做法成效显著，值得我们学习。若戴高乐将军有生之年能看到这些，会很高兴的，毕竟他一直偏爱有所建树的研究者，而不是终日研究却一无所获的人。

版本升级：两个阶段，三个动作

中国在新产品发布时效率惊人。中国人可以在不到1个月的时间里发布新产品的初版，而西方社会至少需要6个月。这是由于所谓的中国人“脸皮厚”，即他们不会羞于发布新产品。领英联合创始人雷德·霍夫曼说：“如果你发布新产品时毫无羞怯、非常自信，那是因为你发布得太晚了。”中国人很少甚至从来没有遇到过这个问题。他们把准备好的东西拿出来，通过改进让它变得更好。由于他们注重保护自

① 法国政府划出一片地皮用于修建机场等公共设施，反对此举的当地居民占领了此地，使得施工无法进行，这些反对者被称为“防守区斗士”。

己的国内市场，国内客户最初只有有限的选择，这使企业家能够迅速通过用户反馈来改进他们的产品，并为进入国际市场做好准备。

第一版产品必须兼具创新性和功能性，第二版则要根据客户反馈进行调整，改进过程所需资金由筹集到的资金和第一版产品的收入组成。产品的第一个版本既反映了公司的历史积累，同时也是公司未来发展的保证。

有趣的是，“脸皮厚”是美国和中国这两个世界巨人共同的特质。而欧洲人，特别是法国人，却由于过度追求零风险和完美度而适得其反，就像信天翁一样——巨大的翅膀阻止了信天翁的飞翔，这种对完美的渴求阻止了他们在全球范围内成为巨人的可能。结果就是，今日几乎所有的软件巨头都来自美国。当法国人终于走出完美的隧道时，却发现市场已经属于美国人了。

就是因为这样，我们才把希望寄托在提高效率和反应能力上。也就是说，要强迫我们自己转变文化观念，并接受自身的不完美。我们的民主形式、对制定标准表现出的狂热、为了控制而控制的政治意愿（反观中国人更多是为了效率而进行控制），可能会在很长一段时间内成为我们衰落的原因。由于对市场主体缺乏信心并且想要控制它们，我们就扼杀了它们，拖慢了它们的发展速度，使它们淹没在标准之中。中国可能也抱有同样的怀疑，但却尽可能提供促进发展的条件，使市场主体取得成功。

从自行车、公共汽车到出租车，各领域都充满竞争

2015年初，ofo小黄车和摩拜先后成立，并推出了共享单车。在不到6个月的时间里，这两家企业在中国“倾倒”了300多万辆自行车（考虑到堆积如山的自行车，这是一个恰当的词）。第一代自行车耐久度不高，相对简陋，但适合骑行，更适合锻炼身体！这两家公司筹集了数亿美元的资金，随后不断对自行车进行改良，并把产品投放到包括法国在内的多个国家。我们自己的国家也有同类公司，但这个公司制造的自行车必须要通过政府规定的一系列严格烦琐的测试，导致成品最终笨重得像辆卡车，恐怕只有受虐狂才会喜欢它。

其他代步工具，如电动汽车，正在蓬勃发展。比亚迪在深圳等地组建了几个完全由电动汽车组成的出租车队，甚至还发明了在每个红绿灯处都能感应充电的公共汽车。在这方面，中国政府再次给予了必要的

授权，并毫不犹豫地调整地区或国家法规，以便为这些试验提供方便。这一切在法国都是难以想象的。

中国人什么都敢尝试，并且进展很快。他们创造了现代的支付工具，如移动支付（支付宝，微信支付）。政府支持所有这些创新，这些创新节省了时间、便捷了支付、增加了交易量，并逐步减少了纸币流动。顺便说一句，线上支付收集了大量令人难以置信的数据，这些数据以任何欧洲社会都无法达到的速度为其人工智能机器的“深度学习”提供了助力。线上支付监控运行的能力同样不可小觑，若不加以监管，公民就会摆脱国家监控，致使风险加大。

人工智能与数据：中国人领先

当我们询问腾讯集团首席投资官是否计划在不久的将来在法国拓展业务时，他在短暂思考后问道：“法国现在有多少人？”这个问题本身就是一个答案，因为他认为腾讯集团“在中国和东南亚已经有很多事情要做”，那里有着庞大的20亿人口。拥有6800万人口的法国充其量也只能是他们市场收入的一小部分，被视为挣到一些零用钱——尽管他们对中法之间的某些技术交流挺感兴趣。

美国谷歌公司前董事长埃里克·施密特说："中国正在对人工智能进行大量投资。为适应人工智能的发展，中国正在改变其大学制度，到2020年，她将成为人工智能的领导者。"①由于中国在宣传效果上总是有点虚张声势，我们当然可以押注于2030年。但问题不再是"中国会成为领导者吗？"而是"中国什么时候会成为领导者？"与此同时，法国却正在与塞德里克·维拉尼一同进行公民辩论，维拉尼才华横溢，却难以实现他的野心，总是说政府已经着手处理下一个问题，就好像这个问题已经解决了一样。在这个被人工智能刺激增长的数字世界中，我们将失去很多优势。中国人以务实、高效、快捷的方式，进行着创造、测试、调整、部署、改进。他们不怕损害自己公司的形象，这些公司才诞生不久，不会为形象问题所俘虏，而我们所说的形象也往往只是一种幻觉。他们没有限制，也没有真正的规则，因为他们生活在一个相互关联的世界里。在这个世界里，变革是在全球范围内进行的。中国人的阅历较多，所以他们的经验较丰富。

---

① 2018年5月25日，巴黎Viva Technology国际科技峰会。

数据是成功的关键。中国正在产生和收集数据，与此同时，我们却在制定复杂的战略，显然这是我们持续谈判的结果，我们正在制定防御性的规则，而这终将是作茧自缚。当中国应对自身发展为贸易制定规则时，欧洲却在为衰退制定规则。我们不是要畅想中国的美梦，也不是为中国的战略成就瞠目结舌，更不是完全赞同中国这种模式——我们欧洲人并不偏爱这种政体。我们的民主制度和自由辩论，与中国对权力制衡的制度是有区别的。相反，我们要考虑的是，为了在30年后仍保持大国地位所必须做到的那些事情。面对如此强大的国家，我们需要适应环境变化，并根据价值观调整我们的体系，这样才能在明天继续保持我们的地位，我们也要从中国的战略、手段和观念中汲取经验。

我们必须明白，中国人在历史上曾经遭受过西方带来的诸多苦难。他们也曾经向我们学习，但如今已轮到他们来教导我们了。

第二章 从保护走向开放

保护主义：一个历史的文化标志

欧洲人试图征服中国

从15世纪初到17世纪，欧洲人开始了伟大的发现之旅。水手们（实际上是海盗）开始乘船寻找未知的土地，追逐他们能带回祖国的宝藏，以求名利。

1513年，首个葡萄牙航海家抵达中国海岸。这位葡萄牙人的名字不是罗纳尔多，而是乔治·阿尔瓦雷斯，他不踢足球。直到1557年，越来越多的人来到珠江三角洲[①]，随后中

① 这里指今天的澳门、深圳、香港、广州、珠海、东莞等。

国被迫应允葡萄牙人在澳门定居。欧洲人踏上了中国领土，中国却将为此付出惨痛的代价。1685年，清政府发布律令，曾一度取消海禁，允许外国船只停靠在中国所指定的港口。为规范贸易保护市场，中国人征收了关税。

1757年，朝廷改变了策略，实行海禁。当时中国人生活在一个完全自给自足的时代，为什么要和那些不断敲开中国大门推销产品的外国人进行贸易呢？这些西方人，连同他们的行为和文化，有些“惹恼了”中国人。中国人再次意识到他们与西方之间的文化鸿沟。

中华帝国建立在一个独立的封建帝国的官僚制度之上，皇帝的决定毫无商量余地，商人必须立即遵从：对外进行封锁闭关！从封锁闭关以后，外国船只只能进入广州港。为了保护中华帝国安全，中国文化、礼仪、习俗和财富与外界隔绝，外国人不能再定居下去了，除非是在某些特定的地区。同样地，外国人也不能再学习中文了。这就是创造自然边界的艺术，微妙而有效！

中国希望继续拥有对领土的全部主权。欧洲人对这一帝国体系感到敬畏，最重要的是，他们渴望从中国购买货物，以便利其发展全球贸易。当中国出口包括茶叶、丝绸、瓷器等商品时，贸易的天平已经倾向于中国。

为了满足对茶叶的旺盛需求，中国人改造了一部分种植园，并放弃种植其他作物，这将会导致自给自足系统的部分失衡。具有讽刺意味的是，中国人必须克服这些失衡，并同意与外国人交换货物。

鸦片战争

通过向中国倾销鸦片，英国人成功地弥补了他们的贸易逆差。我们的英国朋友之所以被称为“背信弃义的英国佬”，也是由于这个原因。贸易赤字被英国贩卖给中国人吸食的鸦片抵消了！当时，欧洲人几乎没有什么道义可言。

倾销鸦片的这些活动是在远离中国首都的地方进行的。地方官员们放任自流、腐败滋生，完全脱离了朝廷的控制。人们很快就上瘾了，鸦片像野火一样蔓延开来，变成了可怕的“瘟疫”。中国仿佛处在黑暗的房间里，陷入阴险的旋涡中。朝廷禁烟的律令无人遵守，鸦片屡禁不止，皇帝对此颇感失望，设立了一个禁烟委员会以寻求解决办法。

皇帝任命了林则徐为钦差大臣，前往广东全权负责禁止鸦片贸易。他工作起来尽职尽责，非常出色，但这对英国人来说却成了一个严重的阻碍，英国人贩卖鸦片的利益在当时是巨大的，以至于其商业利益完全无法被道德底线约束。第一次鸦片战争由此爆发，然而中国人却没有做好战斗的准备，最终失败并于1842年签署了《南京条约》。

这对中国人来说是一种耻辱。清朝政府被迫向欧洲人开放4个新的港口（厦门、福州、宁波和上海），允许在上海设立租界，用2100万两白银赔偿被销毁的毒品。你能想象吗？这就好比哥伦比亚政府烧掉了毒品后，反而被责令向毒贩赔钱！

最后，香港岛被割让给英国，这是对中国的又一次羞辱。中国后来又重新恢复了对该岛的主权（英国向中国政府交还香港仪式在1997年举行）。

1851年，清政府经历了新的危机，受到了中国农民起义军太平军的挑战（历史上称这次起义为“太平天国运动”）。

事实上，清朝曾屡次遭受饥荒之苦。由于英国实施了严厉的金融制裁，清政府的国库里已是空空如也，偏偏自然灾害也来凑热闹。对中国人来说，所有这些事件都质疑了皇帝及其王朝“天命”的合法性。皇帝的职责是确保人民的安全和生计。如果皇帝失去了上天的授权，中国人就会追随他们认为合法的人。

太平天国运动的主导人洪秀全深受西方基督教传教士小册子的影响，自称是“耶稣的弟弟”（由此看来，当今政府虽然尊重宗教信仰，却很有必要对其进行法律约束），他决定组建一支军队，质疑上天的授权。他想改革农业，废除私有制度，天下为公，并根据每个人的需要公平地分配这些财产。

1864年，太平军被湘军镇压，欧洲人非常不赞同太平天国运动废除私有制的思想，这种思想与他们对建立在私有制基础上的资本主义经济的理解相去甚远。但恶因已经种下，起义的想法已经萌芽。虽然后来起义被扼杀，但它的影响却在继续增长。数以百万计的中国人被枪杀，失望的民众不再承认清王朝是上天的代言人，而是造成一切苦难（尤其是欧洲入侵）的罪人。这就成了第二次鸦片战争的诱因之一。

1858年，第二次鸦片战争中，西方列强法国、英国、俄罗斯和美国，强迫清政府签订不平等条约《天津条约》。由于中国拒绝了这些要求，外国列强便趁机再次发动战争，并又一次击败了中国。1860年，皇帝的兄弟奕䜣签署了《北京条约》，结束了战争。凭借第二次鸦片战争后签订的一系列不平等条约，西方人竟然实现了鸦片贸易的合法化！天主教传教士拥有在中国自由传教和建造教堂的权利，又增加一批新的被迫开放的港口，继香港岛后，九龙区也被割让给了英国，对英国和法国的赔款金额增加，而中国劳工竟然可以被派往国外代替黑人劳动力。

义和团运动与清末：在分崩离析中煎熬的中国

祸不单行，随后是中法战争、中日甲午战争和义和团运动相继爆发。义和团作为秘密社团，不仅与清政府对立，还反对八国联军（英国、法国、美国、意大利、德国、奥匈帝国、日本和俄罗斯）。中国历史上有着很多类似义和团这样的秘密社团，常常是由一群对当朝制度不满的人聚在一起，密谋推翻整个王朝。面对外国的入侵、清军两次落败的惨状、不平等条约的签订以及朝廷的软弱无能，义和团决定亲自掌控大局。他们的口号最初是“反清复明”，后来改为了“扶清灭洋”。但最终，义和团在武器装备和组织更精良的八国联军以及清军的联合剿杀下灭亡了。

从1911年起，中国各类秘密组织的革命运动在全国各地风起云涌，最为著名的是旨在推翻清朝帝制，建立共和政体的辛亥革命。孙中山在南京（临时政府）以17个省（每省一票）中的16票当选为中华民国临时大总统。1912年1月1日，他宣布中华民国成立，清朝政府到了弥留之际。

西方的侵略加速了清王朝的灭亡。西方殖民者大肆入侵中国领土，国土资源以各种形式被瓜分着。中华民国已被众多在华的外国势力觊觎。和任何被殖民者一样，自由是有条件的。中国拥有如此巨大的潜力和丰富的资源，却被欧洲各国束缚着，它们既不尊重中国，也不会给中国自由。

这个新的伤口在默默滴血，但它总是会愈合的，中国将在不久的未来展示出被奴役所激发出来的力量。那个“不久的将来”就是现在，中国的崛起之时。

保护市场不受外国人的侵害

如果中国要在今日向世界开放，势必会非常强势地捍卫自己的边界，同时借助贸易手段进入世界其他地区。如今想要入境中国的外国人，不论其国籍为何，都必须持有签证。签证是一个重要的入境壁垒，使政府能够控制在其领土上的外国人入境的合法性。这一制度根据中国与个别国家的外交关系在不断演变。对于经常来往于中国的商人来说，现在可以获得两年、五年甚至更长时间的签证。但首先，我们必须证明自己并展示出对中国的兴趣。

至于中国的官方语言——汉语（通用普通话），对于外国人来说一直是一个文化障碍。清朝时，外国人曾一度被禁止学习汉语，而现在到处都有人在教汉语。但是说一口流利普通话的外国人数量仍然很少，那些对中国市场感兴趣或者有中国客户的大公司正在招聘精通双语的年轻中国人。以家乐福和欧莱雅为例，它们现在已经完全融入讲普通话的中国市场，从高层管理人员到销售人员，中国人遍布公司上下的各种职位，他们接受了有关公司、产品和服务的培训。当公司决定在当地立足时，这些中国人更有能力使公司的产品和服务适应中国市场。

中国人一直是在贸易上较为敦厚的商人。而欧洲列强一直热衷于扩张主义，觊觎着亚洲的“奇迹”。通过在全球化世界的战略企业中占据阵地，中国人正在向过去对他们造成如此深重伤害的西方国家进行投资贸易。他们扎根在西方内部，从而预防了任何损害中国利益的行动。

痛苦的经历，永远铭刻的历史

在这段痛苦历史的长河中，有一个日子将永远铭刻在中国历史上，这也是中国人难以原谅法国和英国的原因。1860年10月6日，英法两国军队攻入中国皇帝的圆明园进行劫掠，13天后，英国军队烧毁了这座园林。法国著名作家维克多·雨果的文字描述，在今天仍然能让我们了解到中国人的处境和痛苦（这种说法还算温和委婉了）：

先生：您征求我对远征中国的意见。……既然您想了解我的看法，那就请往下读吧：在世界的某个角落，有一个世界奇迹。这个奇迹叫圆明园。艺术有两个来源，一是理想，理想产生欧洲艺术；一是幻想，幻想产生东方艺术。圆明园在幻想艺术中的地位就如同巴特农神庙在理想艺术中的地位。……这个奇迹已经消失了。有一天，两个来自欧洲的强盗闯进了圆明园。一个强盗洗劫财物，另一个强盗放火。似乎得胜之后，便可以动手行窃了。他们对圆明园进行了大规模的劫掠，赃物由两个胜利者均分。我们看到，这整个事件还与额尔金的名字有关，这名字又使人不能不忆起巴特农神庙。从前他们对巴特农神庙怎么干，现在对圆明园也怎么干，不同的只是干得更彻底，更漂亮，以至于荡然无存。我们把欧洲所有大教堂的财宝加在一起，也许还抵不上东方这座了不起的富丽堂皇的博物馆。那儿不仅仅有艺术珍品，还有大堆的金银制品。丰功伟绩！收获巨大！两个胜利者，一个塞满了腰包，这是看得见的，另一个装满了箱箧。他们手挽手，笑嘻嘻地回到欧洲。这就是这两个强盗的故事。我们欧洲人是文明人，中国人在我们眼中是野蛮人。这就是文明对野蛮所干的事情。将受到历史制裁的这两个强盗，一个叫法兰西，另一个叫英吉利。……我希望有朝一日，解放了的干干净净的法兰西会把这份战利品归还给被掠夺的中国，那才是真正的物主。[①]

正如《孙子兵法》中所写的那样："是故百战百胜，非善之善也；不战而屈人之兵，善之善者也。"

在两次鸦片战争中，中国人都蒙受了耻辱，由此造成中国人过去存在的内部分裂暂时被团结取代。清帝国的瓦解和清朝数百年制度的崩塌，加强了西方列强侵略所带来的屈辱感。

中国人已经一无所有，在强盗围困中，他们没有盟友可以联合。共和国代表着变革的希望，尽管没有人会幻想入侵者的离开。中国正在积贫积弱中积蓄力量，复兴中华的美酒沉淀时间越长便越是香醇，中国如今胃口大开。

从失败中吸取教训：未来的教训

孙子说："知彼知己者，百战不殆。"中国从历史中吸取了许多教训：

---

① 维克多·雨果，《就英法联军远征中国给巴特勒上尉的信》，选自《雨果文集》，这篇文章写于1861年11月25日。

不要让任何外部因素干涉内政。

外国人可能是客人，但他们永远不会老老实实待在家里。

腐败像一种毒药，必须对这一祸患采取零容忍政策（中国对腐败者依据法律可判处死刑）。

有必要拥有武器准备明天的战斗（有越来越多的野战军，但也有越来越多的以网络为基础的部队）。

有必要重新建立一个考试制度，以选拔国内最优秀的那部分人（高考，相当于法国学士学位的入门考试）。让中国掌握自己的命运，创新并迅速带动每一个人。

宗教信仰自由，但要遵守相关的法律法规。中国甚至将曾经在“文革”中没收的财产归还宗教机构。

丝绸之路：当中国开始奋起

中国政府在新丝绸之路上投资9000多亿美元，正如亚马逊的口号一样，向其他国家提供“从头到尾的一条龙服务”。

像在许多国家一样，中国首先需要通过协商，确保在非洲国家能够顺利获得签证（中国在加蓬获得的签证数量占这个小国相当大的比例）；然后中国公司来到这里，建设基础设施，提供贷款资助当地建设，或获得特许权。建筑工地里的工作人员也大多是中国人，他们为非洲人建造了公路、火车站和机场。

中国为世界带来了自己的技术和产品，并能确保其产品供应，同时限制外国人进入涉及本国国家安全的战略性产业。那些希望到这里来工作并最终留下的人，必须遵守当地政府明确且严格的法律规则，而不能去做那些不被允许的事。

海外华人随时保持着与中国的联系。互联网工具（这要感谢微信）让距离不再是贸易的障碍，这显然有利于中国。在内部，国家对互联网有着严格的管控；在外部，中国则会尽己所能积极寻求自身发展，以力图实现内外双赢。

如果每个国家恪守本分，和平就能得到维护。所有的国家都在积极发展，尤其是中国。她始终提防着历史的重演，中国不会再让任何国家阻挡她前进。历史为中国发展战略提供了素材，但这次她不再是人质，因为她掌握了未来的钥匙。为了避免历史重现，中国将书写未来的笔紧紧握在自己手中。

第三章
社会主义建设

新中国恢复了独立自主的国家主权

1912年至1925年间，中华民国与继续在租界和全国范围内活动的外国人共存着。孙中山去世后，国民党被蒋介石接管。在寻求国家统一的过程中，蒋介石发动内战，屠杀共产党人，将矛头转向了在中国南方建立了革命力量的共产党。

1931年，中国遭受了一次新的侵略，中国所憎恨的日本占领了东北。“和平”的协定很快被签署了，当时日本在中国占据的领土是今天日本国土面积的2.5倍。日本对中国的侵略战争直到1945年8月第二次世界大战结束才终止。使日本人迅速征服中国东北地区的是他们更先进的武器，更适合抵御北方气候的装备。相形之下，中国的军队武器落后，装备简陋，完全不具备一个军事大国的样子。这既不符合中国人的文化，也不是他们所想要的选择。

1934年，共产党人开始了长征。他们希望能够发动、团结中国各地的农民，改变军事路线，以农村包围城市，对抗步步紧逼的国民党。

1945年底，第二次世界大战结束，中国卷入了一场国民党与共产党两党之间的内战。在长征期间，中国共产党团结了各省的广大农民。1949年，共产党将国民党的最后一股抵抗力量打败，蒋介石退居台湾。毛泽东赢了。

1949年10月，毛泽东在北京天安门城楼上向全世界庄严宣布中华人民共和国成立了，中国人民从此站起来了。最后一批外国侵略者被赶出去了。新中国结束了半殖民地历史，恢复独立自主的主权，中国再次完全属于中国人，这一承诺使毛泽东在人民中取得了巨大威望，而他将国家和尊严还给了人民。百年来，中国曾被无情蹂躏、惨遭掠夺，更是受到了无尽的羞辱。最终，中国又统一了起来，蹒跚前行，是时候开始建立（或者更确切地说，重建）民族独立发展的共和国制度了。

社会主义建设时代的成就

中华人民共和国成立后，毛泽东发动了“镇压反革命运动”，肃清了国民党残留势力，对党内的贪腐现象进行了严厉整顿。第二年又发动人民群众共同参与“三反五反”运动，以更好地贯彻执行毛泽东的思想。1954年，第一届全国人民代表大会一致通过了《中华人民共和国宪法》。

毛泽东成为“毛主席”，他既是中国共产党中央委员会主席，又是国家主席、中央军委主席。作为国家的顶梁柱，毛泽东同时管理着人民政府和军事部门。对中国人民来说，毛泽东本身就代表着社会主义革命和伟大中国的复兴。无论如何，只要能重新找回民族身份、国家的主权，集体所做的牺牲就都值得了。历史是由胜利者书写的，历史也需要英雄造就。毛泽东的面孔成为统一中国的象征，中国人为终于可以掌握自己的命运而深感自豪。

如今，中国人虽然可以自由地评论毛泽东时代，然而很少有人会去这样做。中国人从内心怀念这位缔造了新中国的“人民领袖”。那些曾经在错误路线和运动中受过伤害的人并没有陷入埋怨中，更多的人不会忘记毛泽东时代给经历百年沉沦和饱经战争磨难的中国人所带来的珍贵的希望。当法国为每一次变革而哭泣，为放下过去而哀叹时，中国人却着眼于未来。作为新中国的掌舵手，毛泽东让中国各民族、各党派互相信任并团结起来。这就是中国人的态度。而他们对西方国家则感到不信任，甚至怀有警惕。

1953年，新中国的第一个五年计划开始实施。按照苏联的模式，工业现代化和社会主义将是两个基本抓手，这为强化党的领导定下了基调。中国明确宣布了发展目标：集中完成五年计划，土地归为国有。当时的中国见证了人民公社的建立和工业现代化的开始。

中国人恢复了希望，指引他们的是中国的“伟大领袖”（20世纪60年代末70年代初开始盛行这一称呼）。人民相信这些领导者，相信他们能够为中国提供更美好的未来。在一个长期落后的国家里，繁荣才是从战争和贫穷中走出来的人民所真正追求的信仰。

中国社会正在逐步改善，直到第二个五年计划开始实施，这也是“大跃进”的开始，这场新的运动影响到全体中国人民。“大跃进”的目标是加快工业建设的进程，并且要求工人、农民都投入其中，中国希望改变落后状态，重回世界舞台的中心。毛泽东以他的苏联邻居为榜样，让全体人民参与到农业集体化和大型公共工业基础设施建设中，全民参与大炼钢铁等伟大事业中来。

这场旨在“超英赶美”的运动以欲速则不达的结局失败了，中国经济陷入了发展低潮，“大跃进”没有达到效果，又赶上了三年自然灾害，收成很差，导致了粮食短缺，供给陷入严重紧张状态。后来，政府在三年自然灾害中对政策进行了实事求是的评估，并对经济政策进行了调整。1959年，在毛泽东的提议下，刘少奇当选为国家主席。

为了让人民能够吃饱肚子，养活自己，“大跃进”运动停止了。农村实行了“三自一包”，数百万块土地分配给农民承包，以激发他们的生产积极性。在这个时候，中共中央委员会总书记邓小平支持刘少奇的承包政策，务实的邓小平认为如果能增加产量，“三自一包”是可以容忍的。

1920年，邓小平在青少年时期赴法国勤工俭学，1922年参加中国社会主义青年团，1924年转为中共旅法支部共产党员。他在法国生活学习了五年零两个月，在这段时间内深受法国工人运动的影响，思想开始变化，并阅读一些关于马克思主义的书籍。1926年1月，邓小平进入莫斯科中山大学学习革命理论和军事。用他自己的话来说，他来莫斯科就是为了“弄清什么是共产主义”。1927年，邓小平回国投身革命，在毛泽东的指挥领导下，邓小平和许多共产党人一起进行抗日斗争，赶跑日本侵略者，又将国家从国民党的手中解放出来，共产党的革命使命完成了，成立了新中国。这之后，邓小平参加中央政府领导工作。

1954年，邓小平任中共中央秘书长、国务院副总理、国防委员会副主席、中央组织部部长。1956年，邓小平任中央书记处书记和中央委员会总书记，这使他与国家主席刘少奇工作配合更密切，逐渐担起制定国家政策的责任。

1966年，“文化大革命”开始。中共八届十一中全会上，对刘少奇和邓小平的“错误”进行批判。此次会议后，刘少奇和邓小平就退出了中央的领导工作。邓小平被送到江西省的一家拖拉机修造厂工作。

在整个领导期间，毛泽东全心全意地为中国人民服务，通过群众路线，为人民带来归属感。毛泽东要求在全国推广普通话，让尽可能多的人使用普通话交流，他还推广简化汉字，在全国发起扫盲运动，让劳动人民摘掉文盲的帽子。这并不是没有实际意义的，因为这样每个人都可以了解党的路线，阅读《人民日报》。

伟大的政治奥秘：权力巧妙地游走在控制力和灵活性之间

今天，中央政府发出新的指示：塑造良好形象，讲好中国故事。互联网上的负面信息将会被清理，但信息却比从前流通得更为顺畅。只不过，如今做一个特立独行的吹笛人要比昔日更加艰难，因为许多懂行的音乐家都在理解着乐谱的精神。

中国可以利用超级计算机（近年来中国在超级计算机方面成为世界领先的国家）分析所有的交易，但信息是流动的。正如列奥波尔德·桑戈尔所说："沙子在手中是不会停止运动的。"为了国家的利益，中国正在调整21世纪的发展工具。有些人声称互联网将促进民主，说互联网可以监督一个国家是否在民主地运作。但中国在普及互联网的同时，却避免了向西方民主体制的转变。在这方面，中国政府得到了人民的认同，那些曾经扮演了"强盗"角色、"道德败坏"的西方国家在中国人眼里并不讨喜。

除了参与世界贸易外，中国还希望掌握21世纪的技术工具，将其产品推广至全世界。因为数据不会说任何特定的语言，所以电子产品也不应有国界。

这是中华民族及其领导人的固有信念：他们有能力突破一切阻挡国家战略实施的障碍。在我们不愿去改变规则，直至停滞不前时，中国为适应未来对规则进行了颁布、废除或调整。当下只是为未来做准备。

中国，专利冠军

习近平主席在2018年5月28日说："只有把关键核心技术掌握在自己手中，才能从根本上保障国家经济安全、国防安全和其他安全。"[①]

从2002年到2016年，中国的PCT（专利合作条约）国际专利申请量保持两位数的增长，其中2016年中国的国际专利申请量较前一年增长44.7%，位列美国和日本之后，世界排名第三。据估计，中国将在2019年超过美国。[②]

为了创建全球巨头，中国政府正在鼓励公司创新和申请专利。政府至少为在中国领土上申请的专利提供相关规定：可减缴专利申请费用，或提供较高的金额补贴。

---

① 来源于2018年5月28日习近平《在中国科学院第十九次院士大会、中国工程院第十四次院士大会上的讲话》。

② 数据来源于世界知识产权组织（WIPO）。

无论规模大小，中国公司都试图在尊重法律和程序的同时进行创新，并使其创新成果得到认可。如华为坐拥70 000多项专利，仅在2018年，它就在全球范围内提交并获得5405项专利……而我们一直在与此背道而驰！

利用技术手段，促进行为规范

今天，国家对人们不规范行为的约束并没有消失。中国通过技术手段，正在进行大转型以及现代化。

利用目前已掌握的互联网技术，中国互联网巨头阿里巴巴和腾讯部署了3个信用评分系统。政府有自己的系统，腾讯和阿里巴巴也有自己的系统。

阿里巴巴的评分系统被称为“芝麻信用”。蚂蚁金服（阿里巴巴集团旗下公司）正在将阿里巴巴的每个服务用户纳入一个强大的评分系统。信用分数随着时间的推移而变化，算法所需的数据都来自与阿里巴巴相关的服务，如社交媒体、电子商务网站（淘宝、阿里巴巴、天猫……）、电子钱包（支付宝）等。简而言之，它是对用户消费行为的全面持续监测。

那些被我们看作是过度使用数据的行为，在中国能够得到容忍。数据会强化对人们行为的约束，在政府的推动下，中国的“私人企业 ”通过对人们的信用进行评分，促使用户表现良好而杜绝那些不规范的行为。

像百合网这样的网站（婚恋网站）为年轻女性提供了向自己同等或更高分数男性求爱的机会，从而匹配出“合适”的情侣。这种匹配所参照的首先是良好的行为（至少是国家所认为的良好行为），而不是内心的喜好。此外，汽车租赁公司也在考虑如何为评分较高的人提供较低的车费或升级服务。

美国个人主义与中国共同利益

腾讯在评分系统中加入了微信网络上的关联联系人列表。也就是说，如果你传递来自政府的信息，这将是积极的。相反，如果你的联系人分数不佳，这将对你的评分产生负面影响。数字技术通过使用日常的、不起眼的、看似无害的实用服务，取得了历朝历代都无法企及的成就。原因很简单：当你只顾感受积极的影响时，那么你感受到的一切都是积极的。

脸书首席执行官马克·扎克伯格曾在2014年试图

实行类似措施，立刻引起了公众的强烈抗议。但是，这个遭到美国人民反抗的地方政策，中国人民却为了共同利益而对其表示认同。这是因为中美两国民众对文化、制度的认知不同，形成了美国资本主义制度下的个人主义和中国集体主义下的共同利益。必须承认，中国人民在公共领域的数据技术普遍应用方面，他们和我们这些人不一样。

大量的公共领域数据为技术试验提供了便利，这使中国能够在该领域抢占先机，这些技术还将不断延伸至海外。技术工具让中国得到了她一直想要的东西：通过贸易走向世界，处于世界领先水平。

第四章
当中国醒来……

从困境中重生

中国再次陷入困境，但要取得进展不一定从零开始。1976年，周恩来、毛泽东相继去世，“四人帮”随后被粉碎。1977年，党的十届三中全会决定恢复邓小平中共中央委员、中央政治局委员、常委，中共中央副主席，中共中央军委副主席，国务院副总理，中国人民解放军总参谋长的职务，一个新的“伟大领导者”诞生了。中国迎来了一个新的领导人——邓小平，同时也开启了一个新的时代。1977年，中国的发展迎来了一个转折点，其命运注定要被改写。当时的中国从艰难中走出来，人们期盼一种新的发展模式的到来。在20世纪六七十年代的那段特殊的历史时期中，中国一些年轻人与家庭的关系曾经走到了一个比较尴尬的境地——他们中有的人既目睹过亲人遭受批斗，也曾经亲身参与其中。他们被称为“迷失的一代”。有一些出生在20世纪40年代到60年代之间的中国人，在经历“文化大革命”期间遇到过面临政治立场和亲情之间的抉择。

在“文化大革命”中，知识分子作为“臭老九”曾经遭到批判，他们的生活不稳定，对未来不抱任何期望。他们低调行事，但这份沉默却使文化和思想彻底跌入了深渊，直至“四人帮”被粉碎，彻底结束“文化大革命”错误路线。

当时，中国的经济情况也是岌岌可危。依靠农业养活中国当时的人口是十分勉强的，因此国家工作的重心转移到这个首要目标上来：养活人口。几十年来，这仍然是一道难题。国家必须要确保粮食供给，并且确保一定的外汇储备，这样才能在出现环境或气候问题时，有能力购买渡过难关所必要的口粮。

尽管如此，人口数量仍在稳定增长：从20世纪60年代初的近6.6亿增加到80年代初的10亿多。

20世纪70年代，周恩来病重，邓小平重新复出，担任副总理，当时他面临着多重挑战，供养人口需要食物，住房和就业要解决，为此，中国必须重建经济。正是在这种情况下，中国继续坚持实现“四个现代化”，即工业、农业、国防和科学技术四个现代化，并提出要走出一条中国式的现代化道路。

政治宣传在中国一直发挥着重要作用，它可以用来保持国家团结，鼓励人民坚定地走向四个现代化，而无须施以强制性手段。“文化大革命”结束后，邓小平坚信，那些在过去失意的人们应该坚信自己有能力创造伟大的事业，国家和人民都在向前看，国家是时候向未来迈进了。

实事求是的时代

“实事求是”，是中国共产党领导人坚持的认识世界的基本方法。1992年，邓小平在全国瞩目的“南方谈话”中将中国改革开放的基调就定下来了。对于这个想要站起来、有非凡的应变能力、为了国家发展而隐忍努力的民族来说，这无异于解开了思想桎梏，在解放生产力、发展生产力上实现创造性地发展。邓小平给中国人开启了创业致富的绿灯。

那些最聪明的中国人抓住机会解放自己，并在地方政府的支持下进行创业，自己办工厂。首批中国企业家得到了地方政府的支持，当地政府为他们提供场地、资金以及其他外国竞争对手可能享受不到的福利。政府的大幅度支持在政企合作方面发挥了重要作用，企业往往会认为：必须对党和国家保持忠诚，因为没有国家政策方针的支持，它们就不会有今日的成绩，这真是个强大而有效的激励因素！

因此，当国家明确支持企业家致富，鼓励企业为国家创造价值，并由政府给予企业大力扶持时，人们对现行制度的认可度也在不断提升。

扶持巨头，以提升全球竞争力

这条道路是漫长的，甚至有时是危险的，但它创造了优秀的领导者、大型企业和强大的战斗力，就像我们今天在市场上看到的那样。

华为：学习外国技术，开拓西方市场

华为的例子很有启发性。正值中国国内对实现电信基础设施现代化需求迫切之时，任正非于1987年创立了华为。任正非和他的团队没有与任何外国公司建立合资企业，他也不想仰仗国外的技术输出，而是采用了逆向工程的原则。他们学习外国技术，努力了解它们的工作原理，以便掌握它们，并在此基础上发展自己的技术。

历史证明，任正非选择的道路是对的。在财务方面，华为已经成为一个强大的、利润不菲的制造商。在国际上，华为让中国拥有了一个全球电信巨头，这使中国在大数据应用领域能够进一步取得优势。

每个人都很清楚这一点，尤其是中国的头号竞争对手——美国，它正竭力阻止华为吸引其本土消费者，影响美国企业利润。更何况，特朗普政府否定了《跨太平洋伙伴关系协定》。

在大众眼里，华为主要以其智能手机、平板电脑和智能手表而闻名。华为第一款安卓智能手机U8220（T-MobilePulse）于2009年问世。这是一款智能手机，与其他许多智能手机相似，只是一个制作精良的复制品，除了价格外，并没有很大的原创性。但随着时间的推移，华为在2018年推出了P20 Pro，这要归功于公司不断改进产品以及密集研发。这是第一部配置了3个后置摄像头（徕卡三镜头）来拍摄高质量照片的手机。它在处理器方面功能非常强大，而起售价仅约为899欧元（比iPhoneX 便宜一半）。

2016年时，华为已在全球170多个国家和地区都有业务，拥有超过18万名员工，其中8万人从事研发工作。截至2019年，该公司拥有14个研发中心、研究所和实验室，将其营业额的约15%——超过10亿美元，再投资于研发业务，这一占比远远高出世界水平。①

华为的循环正好首尾相接，就像吸气呼气一样连贯。对产品的不断改进、中国市场的复杂性、交织在一起的利益、大规模的研发，这些都使华为用最低的

① https://www.huawei.com/en/press-events/annual-report/2016.

价格做出了最好的产品。多亏了这个全球第二大智能手机制造商，中国成了你所使用的手机的老板！华为现在是一个享誉全球的知名品牌，没有人再怀疑其产品的质量。

这种中国式的成功案例越来越多，它们正出现在所有领域中。政府对此很是满意，因为它们证明了中国社会制度的成功，意味着中国的龙头企业可以在世界范围内立足，满足了中国制造的自豪感。中国制造不再被视为一个低端的复印机，而是一个创新者。这激励了越来越多的企业家，追求他们的梦想、财富和荣耀。

在法国，尽管各种专利技术蓬勃发展，但其商业化程度却微不足道。实验室的宝藏数不胜数，但我们却无法将研究成果和商业用途挂钩，这使我们的产品最终在市场里无人问津。一项未公开的研究发现，法国商业已经开始衰败。如果中国人（不久前还一无所有）能够获得这些研究数据，他们早就能成为你的老板了。我们的问题就在于，即便拥有得太多，但我们也将逐渐失去它们。

在中国，只有行动才是关键，最重要的是结果。每个人都有创业和致富的自由，每个人都清楚那些明晰的规则，每个人都知道，这些规则始终会为了集体利益而不断发展。政府是这一切的强大支持者，它知道如何将发展和增长产业化，但前提是企业家不能站在党和国家的对立面。

第五章
以经济建设为主

政治经济两手都要硬

中国改革开放后，经历了三个阶段的巨大变革，这是理解中国今日所走道路的关键。

自1979年起，改革开放使中国制度经历了第一次变革。中国从苏联式的共产主义国家，蹒跚地转向“社会主义市场经济体制”。实事求是的实践战胜了僵化的教条主义。

家长主义和关系网的力量

一种家长式的管理

按照中国的传统，最成功的家庭成员要担负家庭的责任。在中国，成功是要表现出来的，这可以为成功者赢得尊敬和钦佩。聚会晚餐时，中国人争着付账单的例子并不罕见。一般来讲，最有钱的那个人要请这一整桌的人吃饭。就这样，所有的宾客一下子都被排了“名次”。

同样地，在这个用圆桌吃饭的国家，座位的位置也十分讲究，有着鲜明的社会学色彩。邀请的宾客中最重要的人，不一定穿得最光鲜，但十有八九是坐得离门口最远的那一个，据说这是为了能第一个看见端上来的菜。其他宾客们则根据身份次序，依次坐在最重要的宾客周围，直到排在离门最近的位置上。

“lǎobǎn[①]”是指“老板”的意思。作为公司的领导者，他不仅要保证公司的健康稳定发展，还要保障员工们的吃穿生计。在中国，人们对于老板有着深深的敬意，多亏了他，

---

① 此处为汉语拼音。——译者注

人们才有了工作，才有了购买能力，以满足种种物质生活的需要。今日的“lǎobǎn”并不都是天生富贵，他们有的白手起家、摸着石头过河，需要在创业中不断学习、承担风险，他们“卧薪尝胆”，堪比一群战士。

至于目前中国部分公司的管理方式，可以说是家长式的管理。老板们深知自己并非全知全能，因而对那些帮助公司发展的员工心怀感激。作为领导者，他们鼓舞、激励、善待员工，并得到了员工们的爱戴，就好像员工都是他的“孩子”。当然，在这个人人都想要成功的国家里，也存在着很多例外。

关系网和生意

随着国家的现代化，一些祖辈的传统（特别是儒家传统）也再次呈现在人们眼前，家庭和家族的观念被重新强化了。在“文革”期间，人们的社会关系比较僵化，但“文革”之后，人们又开始充分地相互信任。当然，这不是说随便什么人都能相信。一些家族企业最先考虑的是保护自己家族的利益。比起信任陌生人，还是信任自己的亲人更容易些。只要能让“家里”获益，哪怕冒险做生意也是值得的。

家族网是第一层关系网。在这张可以找到“guānxì[①]”（关系）的网里，囊括了人们认识并信赖的人，亦即身边最亲近的人。这种关系网拥有很强的私人性质，大家也都用礼物、红包来感谢帮自己办了事的熟人。一种与之相应的经济就这样发展起来，每个人都觉得“礼尚往来”十分正常，这就像朋友间开了小灶，让人们能够改善日常伙食。而这些行为现在被人们认为是腐败，虽然它们曾一度被看作是经济开放和发展中带来的坏毛病。

国家鼓励人民劳动致富的行为，并通过指导人民致富来保障社会和谐。这种情况一直持续着，直到国家认为熟人关系成了一种对社会有害的“内婚制”。于是国家开始禁止这种做法，并且国家也已经找到了让人民致富更有效的办法，从此熟人贿赂的现象便被打压下去。

就如俗语所言，“三个臭皮匠，赛过诸葛亮”。或者换句话说，三个头脑一般的人凑在一块儿，要比一个绝顶聪明的人还强！这也说明了孤身一人做生意实在太困难了。关系网使得人们能在合适的时间碰到合适的人，从而做一笔各方都能获益的买卖。可见早在“领英”出现前，中国就已经体会

① 此处为汉语拼音。——译者注

到“领英”的精髓了！现在关键是要明白，实用主义既要用在生意场上，也要用在其他领域。

人脉和饭局是帮人们增强人际关系的两个重要文化因素，饭局使关系网得以扩大。在中国，晚餐是请客吃饭的时机，是围坐在桌边交流见解、认识朋友、建立关系的时机，人们还可以借机估计今后关系可能达到的亲密程度。这样的饭局并不仅限于相互欣赏的人之间，更多的是可以一起干事业的人之间。所以，饭局是用来考察一个人是否值得被拉入伙的机会。

在做生意的艺术方面，中国人能教我们的有很多。在做生意之前，认识一下想要共事的人是十分关键的，同样，维持这段关系也极为重要。很多外国人都把晚餐当成一场被逼着多吃多喝的苦役，而忽视了“共度时光”这一点。中国人劝你喝酒并不是为了骗取什么消息，他们和你喝酒是为了建立合作关系，并期望在晚饭结束后你们能像老朋友一样手挽手、肩并肩，打破僵局，将心比心。

关系网不仅可以使办事更快更高效，雷厉风行，而且还具有一种“促进”信任的威慑力。事实上，在合作中有一方背弃约定时，圈子里的所有人都被敲了警钟，而那个背信弃义的人就会立刻被排挤出圈子。互联网上消息传得比什么都快，这个体系可以有效预防行为偏差。在“制裁”的威胁下，信任就很有必要了。这就是实用主义。人本没有美德，是无数的限制条件迫使他变得更有美德！

与外国人打交道

在与中国人打交道时，设立在中国的外国公司总是会忘了“人情世故”。这些公司觉得只要签了合同，就可以把注意力放在搞好伙伴关系之外的事情上了，并且可以一直在项目推进中占有一席之地，这真是致命的错误！同中国企业打交道，要时刻保持同它们的友好关系，否则结果往往就会不尽如人意，类似的事情可以在新闻报道中寻到踪迹。

当然，外国大集团或者中小企业在中国失败的故事也不像我们想象的那么多。中国市场的情况一直以来都十分复杂，但是那些决定在中国设立公司、努力了解中国文化和政府机关、融入当地生活，并且花时间建立足够多人脉的人，往往能够在工业和“非国家管控”行业赢得市场份额。中国市场的机会引发了一场实实在在的淘金热。其他一些想要要聪明把戏，并且相信自己可以教导中国人如何做生意的人，常常可怜兮兮地离开了，他们一分钱都赚不到。

如果你通过各种渠道（比如投资房地产、在葡萄种植业的公司中参股等）帮一个中国企业家建立了一个强有力的人际关系基础，你就能和他建立起一种类似中国人与中国人之间的关系。如果你们之前没有任何交集的话……好吧，那将来就真可能不会有交集了！但是如果你曾帮过他的忙，他就会对你心存感激。如果你们成了朋友，他就会为你的事情亲自奔走，就好像是他自己的事一样。因此，利益的交叉点是双方信任的基础，这总比单纯讲道德要有力得多。

如果你从事的活动符合中央政府的某项战略政策，那就要在大使馆和领事馆间多走动些。使领馆也同样有着监管把关的职责，可以为你打开新的渠道。

在中国做生意，第一要务就是要花时间认识朋友，在身边聚起一批人，因为中国人对外人是十分不信任的。比如，可以说，中国人有时候也有一点排外。但要明白，这些他们不了解的外国人，也占据了大概50多亿人口，甚至更多！事实上，在中国国内，来自其他省份地区的人本身也会被“本地人”当作是外人。

坐拥亿万家财，服从国家安排

如同世界上很多地方的初创企业，中国的初创企业取得了令人难以置信的发展成果。在中国这里，等级制和家长制的传统观念被大大削弱了。突然间，刚过青春期的上司们开始指挥年长的员工了，而不是年长者指挥年轻人。

这些成为“领导者”的年轻企业家人数众多：裴宇（生于1989年），一加手机（智能手机）的联合创始人；戴威（1991年），ofo单车（共享单车）的创始人；戴科彬（1981年），猎聘网（招聘网站）的创始人；汪滔（英文名Franck Wang，1980年），大疆（无人机）的创始人兼董事长；于敦德（1981年），途牛旅游网（线上旅行社）首席执行官；柳青（1978年），滴滴出行（打车租车软件）总裁，同时也是联想创始人柳传志的女儿。这样的人物数不胜数。

这些年轻企业家都已是千万富翁了，他们肩负着养活数千员工的责任，还要继续锐意创新，以便能让公司勇立潮头，实现自我发展。中国庞大的市场总是能引发许多人的美好幻想，但同时市场要求也十分严苛。在有名望的企业家之间交织着一张关系网，凭借这张网，他们可以相互交换并共享各自的人脉，他们相互合作，以便提高效率和收益。

在中国，一个人一旦取得了成功，就可能会得到某个“人物”的拜访（我们可以猜到他背后的圈子），这个人物要么是到公司见他，要么是请他吃晚饭，目的是向他解释这个义务互助体系的游戏规则，如果他还不在这个圈子里，就会被邀请加入。在这个随时可以提供帮助并对各方要求十分开放包容的团体当中，企业家们会尽量保持公开透明。他们要遵守国家制定的市场规则和法律制度，同时，政府也会完善法律法规，使这些创新企业可以成功面世，或者对符合国家战略的领域提供政策扶持。这是一个公平的合约。

如果企业家拒绝遵守规则，那他就将会受到法律惩罚，乃至失去生存位置。要想赢，就要遵守规则。政府对市场的监管无处不在，这可以保持它的监管力度，并且让所有企业与它同向而行。

中央政权：目标清晰，执行有力

国内：高效和全能

中国政府如何确保做出对国家未来有利的决策呢？世界上大部分国家政府每天在处理大事时总是表现得很无能，甚至有时哪怕处理小事时也是这样，这些政府不能预测、接受、适应变革的浪潮。世界上所有自由国度的经济学家们都把中国制定的五年规划当成笑料。然而，在这个被数字化大变革所掌控的世界中，一个由政府严格控制宏观经济的国家竟然表现得如此出色，这让西方流行思维陷入了迷茫。而这得益于中国政府的三张王牌：

第一张是保持平稳发展，坚持实事求是。中国把实事求是看作是从客观规律出发，在实践中按照客观规律办事。

第二张是“摸着石头过河”。也就是说，要进行改革试验。如果试验成功了，人们就会把它发扬光大；如果没有成功，那就再退一步，寻找其他出路。经济特区就是典型的例子。中国的第一个经济特区是深圳，在这个模式被证明可以成功后，其他特区就纷纷在中国建立起来，并取得了有目共睹的成绩。

第三张是要永远保持领导机构内部的统一战线。

自从改革开放以来，多亏了中国共产党有明确的目标，中国才能持续发展并且应对各种挑战。“中国是戴着天鹅绒手套的钢铁强国”这种表达方式常被用来描述中国治理，然而这个说法本身来源于瑞典和挪威国王让-巴蒂斯特·约翰（Jean-Baptiste Bernadotte）会见亚多亚伯爵时说的一句话：“要用戴着天鹅绒手套的铁手治理法国。”多么滑稽！然而，温斯顿·丘吉尔曾说：“民主可以说是最糟糕的制度了，而其他制度比民主还要糟糕。”不知道他是否在今日中国发展的身上看到了另一种可能？

为了保证最优良的内部运作，中国共产党不仅吸收了可以与之同行的企业家，还吸收了来自全国各个高校的大学生。智慧的来源并不是唯一的，多样性正是智慧的钥匙，而承认多样性才能牢牢抓住智慧。如果要千篇一律，那就扼杀了创造性。希望有一日我们都能明白，多样性让人打开眼界，而独裁专断会毁掉一切。

在中国的体系里，权力不是与生俱来的，只有有能力的人才能掌握权力，人们脱颖而出靠的不是身世背景，而是素质和潜力。中国想要的不再是单纯想当公务员的大学生，而是那些有才华和热血的大学生。中国想要丰富党内人员的多样性，以便物色和培养未来的精英。

在中国，始终是由设在北京的中央政府制定国家治理的方针政策。集体利益始终优先于个人利益。任何以不正当手段妨碍或损害该原则或国家机器的人，都会像“害虫”一样被国家机器“碾碎”。

中国政府对一切都保持着关注。党内的9000多万党员使得这张情报网拥有非常强大的信息流通能力，一切运行都被认真记录，可以说，这张信息网是整个运行系统的心脏。

根据中国的文化，请人帮忙意味着要还人情，而还人情的时间却没有期限。因此，如果有人10年前帮了你的忙，那他很可能会现在来托你办事，并且你毫无回绝的余地。如果你不帮他，就会从他的关系网中消失，再也无法使用他的人脉，甚至有可能比这更糟。

一旦私人交情和贪欲妨碍了事业发展顺利进行、成了腐败之源，中国人就会采取行动。凭借权力，官员们很容易就能弄到钱、富起来，但这关系到整个政党的形象和稳定。干部腐败的消息一旦曝光，中国共产党严厉的纪律和国家的法律制裁就会接踵而来。中国并不希望看到国家停滞不前、人民揭竿而起的场景。

反腐败政策能够清理一些思想行为不端的党内官员。这些人不能败坏共产党的声誉和宗旨，违反党的纪律，否则就会按违反党纪国法处分。中国十分坚定地维护党内团结。领导机关所有成员都要维护自身的良好形象，同样，为了维护国内和谐稳定，中央对包括互联网在内的所有媒体所传播的负面信息都要进行严格审查。为了确保人民对集体身份的认同感、归属感以及强烈的民族主义情怀，民族历史教育受到高度重视。

所有共产党员和国家公民的言论都不能反对党的领导和

社会主义制度，不能在媒体宣传中反党反社会主义，这是非常清晰的原则和底线。中国不可能一边领导着14亿的人口进行建设，一边又面临着执政威胁。一心多用、疲于应付可不是政府的主要任务！

中国之外，北京永远存在

中国经历过不同类型的领导者。最近两任主席胡锦涛和习近平使邓小平的工作成果得以延续。他们无意于领土扩张或者战争，而是致力于国家治理，保证自身发展、提升国家实力和维护国家主权。

为了使中国经济得到发展，中央政府必须将一部分权力下放给各省、市和自治区（西藏、新疆、内蒙古等），而这些省、市和自治区会按照辖区内各城市的需求行事。

因此，党在制定五年规划时会把预算发给各省、市和自治区，而后者会根据各城市呈报的项目以及自身希望投放项目的地点对预算进行再分配。于是，一场城市形象的竞赛就开始了。每个城市都想证明自己是在某一方面做得最好的或最美丽的城市，在各地省一级也是如此。这种让外国人难以理解的竞争使中国各省市都充满生气，也展示了至今取得的各种成绩。国际媒体转播着这些成就，每一天都为中国的进步倍感着迷。

省会是地方政治权力的高地，它们往往会优先拿到更多投资，其次才根据其他城市各自代表的经济利益来考虑如何分配。

许多中国企业家都能从地方政府出台的政策中获得财政支持，这为他们的项目建设或研发活动提供了资金，同时也确保他们自己以及地方政府实现双赢。

即使在今天，各省市仍组织到欧洲考察，以宣传某个经济特区、新兴城市、某个地方或公司的房地产项目等。出行的全部费用都由国家承担，这是与潜在投资者见面的机会（外国公司同样也希望在中国具有引领地位的城市扎根，从而进入中国市场）。对中国代表团的成员来说，这种考察活动也是了解投资国的好机会，他们不仅要开会完成公务，还会尝试体验当地生活和风土人情。

这些考察和招商使中国人可以面向世界，探索世界。结果证明，这种灵活安排是合理的。这些考察还有赖于发现并依靠当地的人脉网（通常由中国留学生、两代内移民的中国人、中国协会等组成）以及使馆、领事馆和其他文化中心。

这些考察同样也是代表团成员之间建立合作和联系的好机会，他们一起共度时光并加深对彼此的了解。尽管这段关系的建立最初看起来并无价值，但这些人回国后会兑现伙伴关系的承诺，共享关于所访问国家或城市潜力的信息。

目标公开的中国：五年规划

中国人很清楚自己的目标，因此，每个人都可以从自身出发，向国家战略方向靠拢。这是中国人的优点。中国人在摸着石头过河中改正错误，并义无反顾地朝着他们的改革发展目标前进，这与法国模糊的政治计划和从未兑现的承诺大相径庭。由此，我们可以再次质疑一下民主的确切定义，是让所有人自由选出最会对他们撒谎的人，还是服从于一个不同于我们的由普选产生但是能说到做到的政府？

了解中国政府的最好方法是关注其连续不断制定和执行的五年规划。任何希望在中国发展的公司都必须认真阅读、理解它们，并到当地去了解各级政府及其主管部门是如何落实它们的。中国共产党总是以积极乐观的态度把自己的计划公布出来，人民应该感受到领导人对国家发展的信心并为此感到自豪。国家取得了无可争议的成功，但也难以避免出现一些偏差。许多西方学者或评论员（所谓的专家）常常宣布中国即将崩溃，但其实专家真正需要的是审时度势，而非妄下论断。

实施“十三五”规划

2016—2020年，中国处在第十三个五年规划期间。该规划有很多重要的关注点，并且明确了在规划执行期间，每块石头是如何被理智地添到之前的基石上的。中国实行的民主体制，在选举上与我们西方时常举行的全民普选不同，但这恰好也是一个优势，人们定位到未来，把眼光放长远，团结一致搞建设。人们做出适应全球态势的调整，其依据是世界各地的情况，而非仅仅依靠国内的民意调查。法国的政客常满怀热情地花大量时间去抵消否定前任的所作所为，以便留下自己的印记，丝毫不顾及当时的情况和政策的延续性。而中国人则没有这种推倒重来的习惯。

中国努力适应现实情况和应对国际环境，而欧洲则努力使现实适应其幻想。将中国模式引进到欧洲是不可能的，因为这与我们的价值观和文化大相径庭，并使我们的多样性和对自由、个性的追求（这恰恰是我们的魅力和创造力的源泉）受到约束。可我们也应该因此受到一些启发，以便制定战略并重新审视我们的体制，从而使这些制度具有长期自我反省的能力。

习近平主席表示，“十三五”规划的实施将给世界带来更多发展机遇。中国反哺世界，多么大的逆转！中国表现出宽容和开放的态度。和美国一起共同处于世界顶端的中国，越来越依赖其国内市场，减少了对国外市场的依赖，且为世界提供了很多有用的创新成果，而不仅仅是学习模仿别人，也因此拥有了更加光辉的未来。中国想展示自己的力量，一种经历过苦难才会有的力量，正如俄罗斯一样。对此，我们不应惧怕，也不应自动忽视这种力量，而应该坚定不移地从中汲取灵感并与中国合作。我们仍然有一个强大的市场，它不应该被抛弃，但恐惧和诋毁中国是我们经济增长的劲敌。

如今，通过新的丝绸之路，中国重建并发展了古代的商贸之路，并证明了其有效性。中国越来越多地与其他国家（包括欧洲多国）相互交融，这确实是一件有意思的事。

普选不是实现民主的唯一形式

民主使得人民可以通过投票箱表达自己的意见。在飞速变化的世界面前，人们显得更加无助，对很多事情常常一无所知。更令人担忧的是，我们的领导阶层几乎也是这样，尽管他们有通往一切的门路：数据、权力、官员、知识分子、研究人员，更精确的信息，有时甚至是机密信息。这些本应让他们拥有比两眼一抹黑的老百姓更宽广的见识，但实际情况根本不是这样！

事实上，将选举视为衡量标准和民主必要的附属品，这种做法常常是盲目的。人们投票依据的是恐惧、幻想或者毫无根据的肤浅信任，而这些并不能保证充分体现集体的智慧。恰恰相反，缺少远见的大众并不能孕育出集体智慧。我们这些闭目塞听的公民，不管是作为个人还是集体，接收到的信息都是残缺不全的。

数不清的人告诉我们，互联网不论在何种程度上都促进了民主并动摇了暴政，即使在经历了“阿拉伯之春”的惨败后。众所周知，人们曾一直把“阿拉伯之春”当作教科书，宣扬无处不在的互联网如何促进了民主，而今我们可以看到，那些卷入“阿拉伯之春”的国家沦落到了何等田地。当一个独裁者或者反民主势力想要继续把持权力时，仅靠美好的幻想是行不通的。

数不清的人告诉我们，今天的信息是何等发达。这些搜索引擎会把信息分好类，每次都只展示第一页的内容，这些没有上下文背景的信息给各种国际阴谋论、种族主义、虚假新闻留足了空间。一条没有上下文也没有评论的信息有可能会变成谎言，然后，我们都以上瘾般的狂热不断搜索信息，求量而不求质，浮于表面而忽视真理，这种做法屏蔽了网友所浏览的半张网页之下隐藏的丰富内容，太多的信息会侵害到信息本身。信息既不是教育，也不是智慧。

如今，从早到晚，哪怕是在饭店里，我们的目光也一直都停留在手机上，忽略了身边的事物，这让我们丧失了获取重要信息的机会，因为变聪明的机会和得到的数据量正好成反比。而人工智能则不一样，“深度学习”或者“机器学习”每一天都在进步，这让我们更接近把机器智能当作人脑的时刻了。谁掌握数据谁就掌握权力，影响我们命运的权力。另外，中国人还坚持不懈地投资科技，这样才能成为你的老板，跟他们亦敌亦友的加利福尼亚人一起当老板。

当我们的视野局限在一个几平方厘米的手机屏幕上时，就很难看清世界。当人们喜欢浮于表面时，就很难获得深度。中国很清楚，愚蠢会使人易于被支配。

在2017年法国总统大选第二轮投票时，弃权率达到了25.44%，这就意味着12 101 416名法国人没有去投票，把选择权交给了别人。可以看出，法国人对这份民主的礼物其实并不怎么在意。在这一点上，他们更类似中国人：更加关注政府绩效，而不是只关注所谓的民主程序的运作。

中国有着14亿多人口，民族统一、富有凝聚力、集体有力量、人与人互相尊重、对所取得的成就有认同感，这些都是中国经济发展的强大动力，且中国人对经济的高速发展是满意的。

当卡尔·马克思发展其理论时，他指出，亚洲国家并不适合共产主义，只有训练有素的德国才能坚持和实现共产主义。这是因为马克思没有指望一个积贫积弱的国家会触底反弹，一旦在革命斗争中找到切实可行的理论就会对其完全贯彻。他没有料到，社会主义首先在资本主义薄弱环节突破，百年之后，马克思主义理论会结合中国实际情况，转化为具有中国特色的社会主义。

尽管中国共产党党内仍然存在腐败和权力冲突的问题，但政府加大反腐力度，信守承诺，做出了超出人民期望的成绩。

大中国和“老大哥”

借助新的数字工具，政府可以在法律明确授权的情况下掌握监控、锁定和追踪任何人（不管他身处中国何地）的各种手段。这些数字工具包括逐步向大众推广的信用评分系统（2020年得到普及）以及一些科技类民营企业开发的软件等。

如今，中国有了一个与数据保护法类似的法律，这样做是为了明确政府使用数据的权限和范围。在每个人都能致富的前提下，人们觉得对行业和企业实行监管是风险控制和政府治理的必要手段。借鉴市场经济的手段来维持强大的社会主义力量，这就是我们所说的制度上的“取长补短”！

科技被逼着不断进步。在中国，人们并不仅仅是“前进”着，他们更喜欢“赛跑”。人们被告知，到2020年，所有中国人将拥有一个类似于芝麻信用的账户，这在本书中已经提到过了。芝麻信用是一种信用评分系统，可以应用于众多活动：上网、信贷、租房、特权优惠以及约会网站……你的行为在被不断评分！如果你及时偿还贷款，并且你的社交网络成员（微信好友等）分数都很高，那么你的评分也会很高。相反，如果你的联系人中有人散布反政府谣言的话，那么他的评分就会很低，这也会拉低你的分数。

中国可能会是个有着小眼睛的亚洲“老大哥”，但这并不代表她视力不好。在你还没意识到时，你就已经被纳入了这一体系。对于中国人来说，这并没什么问题，他们是商人，他们想做生意。在网络上他们需要遵守相关的法律法规，以杜绝谣言和反动思想传播，但他们认为，这样做是为了维护社会稳定，让他们有了挣钱致富的保障。我们的中国朋友想提醒我们，自由有多种形式：

· 良好的治安是行动自由的基本保证。中国人指出，最近的恐怖袭击事件恰恰显示了法国是个不够安全的国家。

· 挣钱致富的自由，已被我们的行政枷锁限制了。

· 思想的实践和宗教信仰的自由……中国人也拥有这种自由。

· 最后，言论自由。在这方面，法国人可称得上是世界冠军了，即便这些言论常常没什么用处。当中国人觉得自己的行为触及了警戒线时，他们宁愿保持沉默。如果被约束和被评分对他们是有利的，那么他们就会比法国人更容易接受这种行为！

中国公司懂得在政府的帮助下保护自己的市场，并以此增长自身发展的信心。政府对产业的保护使得中国企业在国际市场上更有竞争力，这和欧洲政策恰好相反。就西方的民主标准来说，西方认为，中国对互联网的管理一直都是民主方面的问题，但对中国企业家来说，这恰好是成功的因素。

PART 2

龙的归来

只有在电影里，我们才会见到“龙的归来”这类字眼。中国想要再次崛起，需要和许多国家共同实现振兴，而最重要的基础就是丝绸之路。这条路比以往任何时期都更强大，这是无法抗拒的绝佳工具。一切都到位了——内部市场、资金、人力、政策——只等着中国重振雄风，而中国也在极力避免过去的错误，因为未来的成功要求人们吸取过去的教训。

第六章
中国找到一条高效、迅速发展的成功之路

新丝绸之路

“一带一路”（新丝绸之路）是2013年由中国政府提出建设“丝绸之路经济带”和“21世纪海上丝绸之路”的合作倡议，旨在帮助中国人在实体贸易和电子贸易等领域与全球更多国家和地区进行长期的项目合作。

从亚洲到欧洲，中国正在大量投资国外的基础设施建设项目，这样做的目的有两个：一是为了加快中国与国外进行贸易的物流渠道建设；二是为了更便利地获得自身所需要的各种商品。

在国外，中国要么通过投资项目参与当地建设，要么收购当地基础设施项目。在这方面，中国的合作方式是多种多样的。就像围棋游戏，赢得胜利不一定要靠硬碰硬的对抗。中国的目的也不在于压倒对手，要知道，中国人并不喜欢冲

突和对抗，对他们来说，以非冲突的各种合作形式达到共赢才是最重要的。

对中国来说，新丝绸之路是确保供给（原材料、成品、稀有矿物等）的一种方式，它不仅方便“中国制造”的产品出口，还有利于逐渐将“中国设计”的产品出口到世界其他地区。从中国出发的轮船、飞机或者火车，没有一个会空手而归。

当今的货物运输主要靠海运（价格更低，但速度慢）或空运（价格昂贵，但速度快）。从速度和价格方面来看，火车将会成为一种替代方式。这也是为什么中国要在新丝绸之路上将所有的港口、机场和火车站全部连接起来。搞中欧班列的专线运输，尽管是一笔巨大的投资（费用超过1万亿美元），但对中国来说却是“一带一路”所必需的交通干线投资。中国之所以目光长远，是因为中国想赢得长远稳定的未来。中欧班列是在为未来投资。中国人是这些规模巨大的项目背后真正的老板，新修建的中欧班列专用铁路已经连接整个欧亚大陆，成为“一带一路”上的靓丽的名片。中欧班列的起点当然在中国，然后向东南亚、南亚、中东、欧洲和非洲延伸。这将有利于维护政治稳定，且对于中国而言利益攸关。实施这一计划面临很多困难，政府通过与各国沟通，在当地开展施工，以竞标公共工程等方式进入铁路修建项目，同时采取措施使中国在当地能找到熟悉地方风俗和合作对象的员工，比如，中国人在非洲就可以在基础设施建设上大展拳脚。

因此，货运火车被劫匪袭击的时代已经一去不复返，现在如果有谁胆敢劫持中国运输线上满载商品的火车或轮船，就会被视为攻击中国。对那些敢于这样做的人来说，后果将是可怕而令人追悔莫及的。

中欧合作的现实情况

法国企业和中国企业之间几乎直接连通的铁路效率非常高。例如，自 2017年底以来，迪卡侬已经在其仓库和一些中国合作厂家之间建立了固定联系。这打消了很多企业将生产设施（甚至是自动化设备）迁至法国的想法。

但这一基础设施链不包括美国。与中国完全相反，美国目前正在走向孤立主义和自我封闭主义。中国为了促进贸易增长，正在对其所有可能的合作伙伴进行投资。例如，欧洲投资基金（EIF，欧洲投资银行的一部分）与丝路基金

（SRF，Silk Road Fund）签署了议定书，以便共同投资一些私募股权基金和风投基金。同样地，这些基金也将主要投资处于欧盟范围内的中小企业。意向性投资的资金总额预计将达到5亿欧元，其中2.5亿欧元将由欧洲投资基金投资，另外的2.5亿欧元由中国丝路基金投资。[①]中国人进行投资既是为了促进贸易，间接地获取资本，同时也是为了传播他们的产品、服务和技术。欧洲敞开投资大门，热烈欢迎由中国中央政府派遣的中国投资者和中国企业家。当然，欧洲中小企业一定能够从合作项目中受益，但主要受益者还是中国投资者。老板是既掌握钱又掌握市场的人，而这些项目的老板就是中国！

长远投资战略：如何融入全球经济

在不久的将来，中国的政治和经济影响力将会在她所投资过的地方（基础设施或者工业项目）显现出来。她将参与建立关键基础设施的准入门槛，确保自己拥有大部分盈利机

---

① https：//www.senat.fr/rap/r17-520/r17-5206.html.

会，而其他只有少量股权的合作伙伴则相对没有那么大的话语权。中国正在逐步扩大产品生产、技术研发、实体贸易道路、虚拟贸易道路以及参与进入世界上最大的市场。她有着巨大的人口规模和越来越强的金融实力，有着其他竞争对手（比如印度）可能永远无法拥有的凝聚力。因此，中国有着成为全球性企业主要大股东的潜力，也就是成为你的老板的潜力。通过精妙的推演，中国将在这场游戏中赢得一席之地：她将获得欧亚大陆和非洲大陆很多重要资源，将会成为很多国家和地区政府（彼此独立又十分混乱）的合作伙伴和引领者，中国引领传统的全球实体贸易道路和电子贸易道路的梦想也将成为现实。借助欧洲的本地运营商，华为修建的信号基站和中国移动的信号网，使中国悄然走近欧洲消费者身边。中国的所有力量显示：这是一个戴着天鹅绒手套的钢铁强国。

围棋游戏终将结束，但国家主权却不会因此而消失，我们将有一个“新的主人”——中国人。我们的“新老板”将会一直保持现有的样子，保持政治素养，负责平时的日常事务。而涉及长远问题时，他们着眼于保持团结与和谐，他们会遵循中国政府制定的一系列方针政策。

战略稳定的基石（粮食、就业、基础设施和外国直接投资）

正如我们所看到的那样，从1979年开始，为了发展经济，中国实行改革开放的政策，逐渐从计划经济迈向社会主义市场经济。

中国利用所有可利用的力量，让人民团结起来，为即将到来的变化做好准备。中国人非常务实，他们从取得小的胜利开始，设定可实现的目标。把标准定得太高不仅没有意义，反而可能会令人民气馁！当中国人饿着肚子的时候，他们对过于宏大长远的战略号召的反应是相当迟钝的，因此当务之急是解决国民的温饱问题。中国应该发展农业，同时促使工业现代化，创造就业机会，并通过吸引外国直接投资（FDI）引进先进技术和管理方式，促进经济现代化。

借助中央政府和银行融资，地方政府进行了大规模基础设施建设（道路、港口、发电厂、自来水厂等），并根据产业特点确定了专门的区域经济发展策略（电子行业在南方，纺织行业在温州等）。因此，国家出现了若干活跃的产业中心。

通过40多年的改革开放，中国一步一步地增强银行的融资能力，同时使人民生活水平得到显著提升，并通过储蓄增加个人财富。

与今天的初创企业一样，中国也秉持渐进式改革方式，一步步大胆试行改革，包括快速评估、试验某项措施（例如，对亚马逊的所有评估只用3到6个月）。如果有效果，那么中国就加速推进该项措施；如果效果不佳，就停止推进。

随着第一步试点工作取得成功，政府在改革开放初期，先后向外国投资者开放了4个经济特区和14个沿海开放城市，其中一些城市建设了现代化港口，以方便原材料和成品的运输。

早在20世纪90年代，中国政府就希望能在国外开拓市场，中国的大公司陆续走出去到海外投资，为潜在的新丝绸之路的建立做准备！在2000—2010年的10年间，中国在亚洲、非洲和拉丁美洲建立工业开发区共计20多个。

为中国服务的外国人

1979年，中国向世界开放，积极引进外资、先进生产技术和管理经验，让外国人到中国来建立并管理工厂、培训、传授专业知识和技术等。那些被允许进入中国领土的外国人是要经过中国审核的。所有的外国人必须持有签证（商务、工作、求学或旅游签证）。在中国拥有自己的公司、在中国生活、与中国人结婚和在中国有固定资产的外国人可以申请成为永久居民。

签证使公司能够雇用它们挑选出来的人，同时确保这些人符合中国发展的需要——就像在美国一样。如果你在新兴技术行业工作，那么红地毯已经为你铺好了。在中国也是一样，工程师是很吃香的，因为他们能带来专业知识，带来促进国家发展必不可少的技术工具。研究人员在中国同样很吃香，因为他们是研究和预判未来发展的根基，但是这个群体在法国却常常被忽视，并且薪水也很微薄，而中国则承诺给他们10倍甚至更高的薪资。

学生在中国同样受到欢迎，因为他们能带来消费和交流。那些到中国来的英美年轻人通常会变成英语老师。政府通常会给他们签证，因为他们可以教给年轻的中国人一种行走世界所必须掌握的语言。

从引进学习到创新，在世界上领先一步

最初通过引进先进的设备和技术进行学习，追赶发达国家，缩小差距，对于中国而言是取得成功的关键。当你什么

也不会做的时候，首先要学习和赶超，然后才能有创新。在中国，人们并不觉得模仿他人进行学习是件不好的事情，而将此看作是学徒期，这是创新的第一阶段。而且，“学”这个汉字本身就包含了学习和模仿两层含义。汉字本身就需要通过临摹才能被掌握，所有中国孩子必须通过临摹汉字来记住它们，这是他们学习的基础。

这个道理在生产领域也同样适用。首先，你必须临摹产品，然后才能懂得如何制造产品。一旦该产品的制造方式被很好地掌握，人们就会思考如何进行改进。这就是创新的第二阶段：改良。

当一家公司只关注可行方案时，就会失去创新能力，因为它不再具有自我怀疑的能力。在西方人的嘲笑声中，这种模式使中国人在曾经并不擅长的领域拥有了自力更生的能力。以前被我们视为劣质产品的“中国制造”，在今天已经能够达到顶级标准。

中国制造：中国企业是如何让你产生依赖的

作为一家历史悠久的多媒体音频设备制造商，三诺集团最近改变了自己的策略。

从前，这家公司根据客户提供的模型进行生产。按照生产的常规流程，客户通常会提供需要制造的模型，而公司只要找到不同的零件供应商，完成产品的集成和组装就行了。然而，改变策略之后，三诺开始为客户提供预先设计和预先开发的概念化模型，并一直在业内处于领先地位。因此，三诺集团被称为原始设计制造商，并从被动等待的一方变成了积极行动的一方。

今后，三诺集团将在其产品流程中处于决定一切、掌控一切的位置，你再也不能给它发号施令、告诉它按照什么样的模型去做了，对于三诺集团而言，你只不过是一个单纯的客户而已。你需要做的只是按照他们提供的模型进行选择，根据他们的建议做一些修改增补，更改或保留尺寸，然后确认订单而已。由三诺集团设计和制造的产品一旦出售，就会被印上购买它的公司的商标。然后，客户可以在某些区域内拥有专卖权，也就是说，在这些区域里，它的产品将是独一无二、别无他家的，但三诺集团保留设计模具以及制造产品的技术。在没被客户入驻的地区，三诺可以为其他客户提供同样的产品和设计。该公司还拥有多元化手段，能将其模型应用于其他产品的生产线上，如上网设备、平板电脑等。

就这样，外国客户省下了自己做设计、研发的成本，并将部分业务委托给这家中国公司。外国客户的产品变成了品牌，并且必须注意自己的品牌形象。为了保持竞争力和创新性，委托别人办事可比自己独自投资要容易得多。在法国，因为企业内部流程和开发时间比在中国长得多，所以我们将业务委托给中国公司去做，但我们也因此成了俘虏。现在看看谁才是真正的老板。

“中国制造”长期以来一直备受批评，但我们的公寓和房子里却摆满了中国制造的产品。除了现有的中国品牌外，很快我们的货架将会迎来更多的中国品牌，但不同的是，这些产品中有相当一部分将是“中国设计并制造”的。中国已更深入地掌控了从制造产品延伸到设计产品的局面。

小米是一家以电子产品和智能硬件闻名世界的中国移动互联网公司，于2018年在香港上市。该公司是一个为中国中产阶级提供各种产品（净水器、平衡车、电水壶、电动滑板车和无人机等）的平台。为了在小米的平台上销售产品，中国一些其他品牌和工厂与小米公司建立了合作伙伴关系，其实任何一家中国公司都可以申请加入。由小米来确保产品质量，对工厂进行评估，去掉不必要的中间商，使最后的消费者能以一个连竞争者都怀疑的低价买到高质量的产品。其中，一些产品将并入小米的产品中，另一些则归到不同的品牌名下。利用工厂的创新力和网络平台的广泛受众，小米将创造协同效应，实现多赢

（品牌—合作伙伴—消费者—小米产品）。

这类例子还有很多。曾经，中国在你的身后投来好奇的目光，随时准备学习。现在，她走到了前面，企业经营管理的所有形式都在她的掌握之中。她将遥遥领先，并引领这场运动。

土地所有权和保护主义

在中国，土地归国家或集体所有。国家提供70年的住宅土地使用权——同样的模式在英国这样的国家也存在。在英国，王室拥有伦敦近40%的土地所有权。这样一来，如果你购买了一处地产，其租约已经使用了50年，那就意味着这处地产只能再让你使用20年。这种模式能够让国家直接调控地产、地价和土地的使用。没有人知道租约到期后政府会怎么做，但其实答案也很简单：这将取决于中国的国情和党在那个时期的具体策略。[①]土地是一个敏感的问题，因为它代表了国家收入的一部分。

---

① 事实上，于2020年颁布、2021年开始正式施行的《中华人民共和国民法典》规定："住宅建设用地使用权期限届满的，自动续期。"国家以法律的形式确保了使用权到期后土地不会被挪作他用。——译者注

政府分配土地，以便投资者可以在那里建厂。外国工厂主常常会发现，在离他工厂几米开外的地方，他曾经雇用的一个中国员工正在建立自己的工厂。西方人很难理解政府为什么这样做，即便这样做带来了投资并且创造了就业机会，提升了城市或地区的价值，但同时也加剧了竞争。

实际上，其中的逻辑非常简单：为什么要让外国人在中国做那些中国人自己就能为他们和他们国家做的事情呢？我们发现，这种自我保护的观念意识，部分源于多年来对外国影响的模糊记忆。这样做的目的是为了国家安全，以及防止过去的情况再次发生。

记住这一点很重要，当一个外国人到中国投资的时候，无论他是谁，他毕竟是一个外国人，他要遵守中国的主权和法律，甚至连大亨鲁伯特·默多克也面临中国市场的巨大挑战。即使是最富有的外国人，在一个想要以竞争取代他的中国人面前，也没有权利进行阻拦。

中国的银行所扮演的角色

中国的国有银行在国家发展中扮演着战略性角色。中国主要有“四大银行”：中国工商银行（资产排名全球第一的银行）、中国农业银行、中国建设银行和中国银行。这四大银行不仅控制着国家绝大部分资产，而且借助主权财富基金（尤其是已持有法国燃气苏伊士集团30%股份的中国投资有限公司）运行得很好。①

与世界各地的许多银行一样，中国的银行也对个人客户零售业务很感兴趣，因为这有利于促进企业融资，这正是银行最重视发展的业务。但银行真正欢迎的客户，是那些能够让它们获得很大收益的客户，也就是对公业务中的那些企业，尤其是国有企业。国有企业常常需要消耗大量资金来投资政府鼓励的项目，因此，银行把资金转贷给国有企业。

中国正在改革，法律也在完善，银行的发展必须跟随中国的发展趋势，特别是要向世界靠拢，与国际接轨。有许多中国公司，已经成为世界上最大的公司（尤其在建筑行业），但实际上往往只是民营企业。

中国的银行今后必须实现多元化，并迈出国门走出去，在中国以外寻求合作伙伴，这也是中国政府所鼓励的。然而在以前，金融领域向世界开放的工作主要由香港公司代理，现在国

---

① https：//www.lesechos.fr/30/03/2018/lesechos.fr/0301504750401_les-grandes-banques-chinoisessortent-de-leur-lethargie.htm.

资银行扛起了这份责任，以便为它的中国顾客开拓市场。

银行也必然要参与新丝绸之路的项目，它们要为新丝绸之路的大型项目提供资金。不仅如此，银行融资和服务还是这一环节中的重要组成部分，在这个外国人无法完全涉足的领域，许多由外国人带来的经济活动被转给了中国机构。中国觉得时机到了。一家外国公司在中国做生意，如果它的中国竞争者有家属在当地政府或者在其中一家国家银行工作，那这家外国公司就会担心。由于中国人更熟悉本土的办事方式，外国企业在与其竞争中往往会败下阵来。有些地方政府会更倾向于保护本土企业，于是外国企业并不能够轻易跨过很多政策障碍。而这些都不会以直接对抗的形式表现出来，只是会有一系列不断释放的信号预示着不是在所有领域都可以进行投资合作。

中国适时调整规则以适应经济发展

一直在运行的中国经济系统将超过我们，并有可能击败我们。欧洲的规则和标准不断遭到国内外诸多非议，而且它们还越来越多、越来越让人窒息，如果我们不能适应不断变化的世界，固守成规，它们将成为中国成功和欧洲失败的原因。当中国在发展实践中适时调整规则以适应经济发展的时候，西方却每天都在为一些赔钱的机器继续供血，而且这种情况愈演愈烈，恨不得每天都在不断地增加规章条例，好让每一个活动都能契合上层政治家关于理想社会的美梦。不管怎样，这是一个赌注，我们希望以此保证国家的主导地位。我们这样做了，但没有中国做得那样聪明，同时目的也不是为了让公司盈利，欧洲一些国家对于自己的公司还是不信任的。

而中国正在帮助企业摆脱了可能阻碍其发展的限制和束缚，并且通过加强企业社会责任的规制和约束，阻止了那些伤害企业经营活动和国家利益的活动。而这段时间里，欧洲却在脱离实际地寻找理想化的、没有风险的竞争。现在是时候调整我们的方法了。面对中国带来的竞争，就连美国人也逃不掉，事实就是证据。

滴滴（中国的优步）取代了优步

优步于2014年在中国推行时并没有遇到竞争对手。该公司推出了拼车业务，而中国当时在这方面并没有相应的法律法规。从理论上讲，优步的成功已是铁板钉钉。

可是从2015年开始，两家中国公司——滴滴打车（投资方之一为腾讯）和快的打车（投资方之一为阿里巴巴）决定联手，提供出租车呼叫服务。而几周之前，它们还在价格上展开激烈竞争，但是为了应对优步的竞争，这两家公司奉行一如既往的务实主义，合并成为滴滴出行，合并后的公司由一位年轻女士经营，现在它已是世界上最有价值的公司之一了。在政府温和的压力下，一个中国巨头公司诞生了。

几个月后，滴滴出行收购了优步的中国业务，并且给了（或者说赠给了）优步17.7%的滴滴出行的经济权益作为补偿。中国企业迅速进入市场，使这家全球品牌公司成为持有一家中国公司少数股权的股东。可即便如此，从收益的方面来看，这仍然是优步的财务报表中一笔可观的收入，堪称一笔财富，但负责中国业务的公司却不再属于它了。尽管在它的资产中还有苹果和百度的投资，但是优步还是不得不屈服并出售中国区的业务。

吸引投资者投资个人交通出行的原因是，它在未来出行方式（自主出行）方面拥有无与伦比的潜力。在中国或者其他地方，由于新的智慧城市不断出现，自主出行将形成巨大规模，变得越来越普及。数据采集技术的发展，使智慧交通成为市场上的领导者。为了解市场，在市场上占据主导地位，投资者必须同时对人口数据、出行数据进行研究，并做好引领大众活动和消费行为的准备。这就是在中国投资这些公司的重要意义。其他许多行业也是如此，例如共享单车（仅北京就约有200万辆共享单车）。

自2017年以来，滴滴便准备走出国门，特别是在美国市场上与优步竞争，在那里，西方的规则能使它自由发展。外国大型企业（比如苹果）的投资为中国企业向国际扩展提供了助力，并使其在自动驾使和汽车人工智能领域进一步实现突破。

秉承一贯的务实精神，为了能少做无用功，绕开那些越来越难拿到的授权并在欧洲扎根，这家中国巨头企业收购了爱沙尼亚公司Taxify 20%的股份。对于这些赔了很多钱的数字公司来说，中国企业就是天赐的礼物，它们需要找到资金充足的股东，这个股东还得认识到这些公司未来可以获得丰厚的利润，并且能耐心地等待长期回报。Taxify在法国已更名为Txfy，因为法国的司法系统觉得原名“Taxify”会“让人误以为是某种出租车竞争服务”。在忽略关键问题这方面，我们真是天赋异禀。在行政上，我们取得了可怜的胜利，却对真正的问题视而不见！

标致雪铁龙、长安标致雪铁龙：法国人与合作伙伴的生死博弈

另一个中法合资的例子是长安标致雪铁龙，它是由标致

雪铁龙集团和长安集团（中国四大汽车集团之一）合资打造的。标致集团早就在中国拥有战略合作伙伴——东风集团（也是四大汽车集团之一），在与该集团的合作中，标致集团参投3家中国工厂。不过，它与新合作伙伴长安集团合作的目的是打造新的中国DS（法国高级汽车品牌）汽车。

在中国，忠诚，即便是一段时间内的忠诚，也是一项需要严格坚持的标准，因此，违背忠诚是一个战略性的错误，就像是经济上的放荡纵欲一样。如果你告诉你妻子，你要和情妇生孩子，她会怎么想？

然而，标致雪铁龙集团正与长安集团联手，在深圳投资了几十亿欧元建造一家非常现代化的汽车制造厂，初期计划生产20万辆汽车，后期有能力再多生产10万多辆汽车，工厂于2013年投入运营。但不幸的是，它们的规划由于没有相应的市场份额而失败了。市场需求并没有达到预想的那么多（2015年销量刚超过20 000辆，2016年销量为15 000辆，2017年第一季度为不到2000辆）。这个失败表明，一向认为自己的方法无懈可击、自己是优秀工程师的法国人是缺乏远见的。[①]

中国的合作伙伴让法国人来决定在中国的营销策略，从而

① http：//www.autoactu.com/psa-et-changan-remettent-500-millions-d-euros-pour-relancer-leurcoentreprise-ds-en-chine.shtml.

在中国推广这个新的中法合资品牌。标致集团曾经的合作伙伴东风集团，在2017年以14%的股权入主标致集团并成为其最大的股东之一。标致雪铁龙集团已经加入了中国籍！这个法国集团先是陷入困境，之后又被中国人以极低的代价“拯救”。而我们的工程师一点也没预料到这些。幸运的是，该集团在欧洲的现任董事长非常优秀，他已经恢复了品牌的活力和力量，但是这个品牌已经不再完全属于法国企业了。

中国企业已经拥有了标致集团的股份，它不仅在法国经营，而且在世界各地经营（美国除外）。也许在未来，DS汽车和集团内其他型号的汽车也会被纳入中国制造，并通过在新的丝绸之路上穿梭的火车运输到法国销售。真是好极了。

没有政府的支持，这种策略和交易是不能成功的。长安和东风是两家国有企业，因而有义务遵循中央政府的政策。与任何有关交通的话题一样，汽车是政府密切关注的“热门话题”之一。中国人不作弊，但他们很有谋略，巧妙地运用我们西方人早已固化的规则，为自己找到了一条高效、迅速、省钱的成功之路。

第七章
新一代龙的传人

中国的内部市场正在强劲增长，中产阶级在增加，城市化在加速，消费需求旺盛，市场充满活力，竞争激烈。在力所能及的范围内，中国人想要得到最好的。除了全球顶级奢侈品之外，中国人好像对品牌并没有依赖性，只有富有想象力的品牌才能吸引他们。

新一代中国人希望发家致富，他们在充满活力且不断迅速发展的环境中长大。借用象征主义的话来说，新一代中国人就是龙的象征！

中国的成功案例

在中国创业的狂热浪潮中，已经没有一个行业是未被开发的。中国人想要发展电视、电脑、运动服装等行业，于是所有这些行业都呈现了一种爆炸式的发展，包括当今发展最快、前景最为广阔的数字技术、大数据、深度学习、智能行业等。你一定要去发现并了解中国的领导者，了解中国的产业、中国的历史和中国人的愿景，因为明天你将会直接或者间接地与他们合作或者为他们工作。

新一代中国人当中很少有人还记得使用固定电话的年代，他们直接跨越到手机时代，然后到智能手机的时代。中国的数字公司正在摆脱传统力量的束缚，围绕智能手机建立业务，很少有做电脑端业务的。世界上排名前8位的智能手机品牌中，有4个是中国品牌：华为、小米、OPPO和vivo，它们总计占全球智能手机市场的43.1%。智能手机这一“俘虏你的工具”背后的老板俨然是中国人。①

我们一直热议数字世界，在这个世界里，一切的问题都关乎市场规模和市场份额，可以说是“赢家通吃”。那么，

---

① https：//www.zdnet.fr/actualites/ventes-de-smartphones-apple-largement-double-par-huawei-au-2etrimestre-39871925.htm.

占据庞大市场规模的中国人必定是赢家。中国人将直接或间接地在西方大规模“登陆”（通过回购、控股等方式）。

海尔，中国的资本力量

海尔集团成立于1984年。当时海尔的首席执行官张瑞敏与地方政府建立了密切的联系，并开始收购陷入困境的公司。最初海尔专门生产冰箱，后来开展多元化业务，逐步走向空调、洗衣机和电视机的生产领域。紧跟国内市场需求的不断变化，海尔集团提供了中国人所需要的各种产品。海尔如今的产品目录，可以说像乐都特（法国品牌）一样丰富、完备了。

1999年，海尔在美国南卡罗来纳州开设了第一家海外工厂，不仅可以为美国市场供应产品，更节省了海关成本。2002年，海尔在意大利实现本土化生产冰箱，以方便在欧洲销售。海尔并没有遵循“中国制造”的传统路径，在中国本土设立工厂，并提供高质量的产品，而是在海外各国当地组织设计生产并销售。随后，海尔继续加快国际发展的步伐。2011年，海尔收购了它的日本竞争对手——三洋集团，也将该公司拥有的日本和东南亚市场一并收入囊中。2016年，海尔以54亿美元收购了美国通用电气公司的家电部门。

海尔把工厂设于海外，这为其在世界范围内销售品牌下的各种电器以及视听、计算机和电信产品提供了便利。2017年，海尔创造了370亿美元的全球总营收，并在国外拥有54家工厂和9个研发中心，每年生产近2000万台产品。[①]

作为世界相当一部分品牌家电的老板，中国投资了你的厨房。将来，中国会通过冰箱调节你的胃，控制你的购物吗？

联想，世界领先的个人电脑制造商

联想成立于1984年，由柳传志在中国科学院计算技术研究所（间接拥有15%的资本）的支持和推动下建立。

联想最开始的业务是制造台式计算机。2005年，该公司收购了IBM（国际商业机器公司）的个人电脑业务，并希望由此转向服务业。随后，联想利用电脑ThinkPad（思考本，曾属于IBM）的名号，逐渐扩大自己的声誉。凭借高质量的机器以及对于用户和公司来说都相当具有吸引力的价格，联想的市场起死回生。2013年，联想销量超过惠普，成为全球领先的个人电脑制造商。做到这一切，联想仅用了不到10年的时间！

① http：//www.xinhuanet.com/english/2018-01/27/c_136929732.htm.

第二年，联想从一直在重组的IBM公司手中收购了部分服务器业务，同时从谷歌手中收购了摩托罗拉移动（智能手机、智能手表）的部分业务，两项交易累计价值超过50亿美元。2017年，联想投资2.69亿美元收购了富士通51%的个人电脑业务。

如今，苹果个人电脑业务只占据行业内很小的一部分，戴尔也只提供服务和云端，其他公司更不用说了。中国联想现在无可争议地是所有种类电脑中的第一，中国人成为行业领头羊。

李宁，运动器材冠军

李宁公司由中国奥运体操多项冠军获得者李宁于1990年创立，相当于中国的耐克和阿迪达斯。李宁品牌想让所有的运动员都穿上自己的衣服和鞋子。2005年，李宁与法国运动服装公司AIGLE（艾高）成立合资公司，该公司给予李宁50年内在中国独家经销AIGLE产品的权利。2007年，中国李宁拥有4297家零售店。

为了使大众熟知李宁品牌，李宁对中国和国外的运动员、运动队进行积极赞助，其中也包括美国。尽管李宁2017年的销售额为88亿元人民币（略高于10亿欧元），远远落后于耐克和阿迪达斯，但仍然取得了显著的进步。[1]

目前有超过15个国家的运动队和运动员穿李宁品牌的衣服和鞋子。

李宁主要通过域外市场增长实现自身发展，毕竟仅靠域内的市场是不足以迅速达到可观规模的。当你有钱的时候，进行全球化的最快方式就是买断竞争。李宁的不断壮大是在中国之外实现的，运动鞋的老板也将变成中国人。

BATX将比GAFAM更强大

BAT（百度、阿里巴巴、腾讯，现在应该再加上小米，所以变成了BATX）是中国的GAFAM（谷歌、苹果、脸书、亚马逊和微软）。尽管你知道它们的名字，但你可能不知道它们是如何工作的……

百度，中国的谷歌

百度成立于2000年。作为一家专门从事互联网和人工智

---

① http://ir.lining.com/en/ir/highlights.php.

能产品及服务的跨国公司，百度现在是行业中最大的公司之一——在Alexa 互联网世界排名（Alexa排名是目前常用来评价某一网站访问量的一个指标）中排第四位。百度是中国的谷歌，中国的Qwant（法国的搜索引擎）。

2017年，百度占据中国搜索引擎市场76%的份额。由于中国企业正处于创新发展阶段，并未担心垄断的问题，所以百度拥有稳定的收入以及能够同时满足市场和政府期望的、可以发展新工具的所有武器（互联网过滤器、信息过滤器、搜索词、人工智能……）。

无论在中国还是世界其他地区，人口流动都是未来关注的主题。基于此，百度与滴滴出行展开竞争。此举赢得了其知名合作伙伴的喝彩，如比亚迪、东风、微软、英特尔、英伟达、戴姆勒股份公司、中兴通讯、Grab（一个打车软件）、福特、现代和本田。百度在人工智能领域的领先地位令人印象深刻。据《华尔街日报》报道，百度将在中国推出自动驾驶的公交车。

当竞争为国家创造新的价值时，政府无论出于主动还是被动，都不会进行干预，也不会贸然插手企业的国外事务。只要主权能够得到尊重，中国企业能够获胜，中国就会很高兴。这不是在欧洲，因为欧洲努力借良性竞争的名义消除所有集中化（大企业垄断）。欧洲已经忘了，要想对抗中国需要有足够的实力，不能被所谓的欧洲霸权蒙蔽了双眼。

阿里巴巴，全面扩张

阿里巴巴成立于1999年，由企业家马云和其他17位创始人创立。最初是一个B-to-B（企业对企业）电子商务平台，在这个平台上，一些公司可以将产品提供给其他公司。阿里巴巴成立后，迅速推出了互联网电商平台的初始版本。阿里巴巴很快就募集到了资金，尤其是软银集团提供的资金。成立不到两年，阿里巴巴就已经达到了盈利水平——对于一直以来只有亏损的数字领域来说，这是独一无二的例子（2018年，亚马逊的传统业务仍在亏损）。的确，当电子商务还只占世界生产总值5%的时候，亚洲消费者在网上购物的比重居然可以达到其日常购物总量的60%了。

2003年，阿里巴巴成立了淘宝网，这是一个为大众服务的在线购物平台。2004年，阿里巴巴的支付系统支付宝开始在淘宝平台上提供服务，并成为一个独立的公司。这个支付系统很快跨越了国界，现在在巴黎的老佛爷和春天百货购物都可以用支付宝付款了。通过支付宝达成的交易约占中国所有在线支付交易的一半。在2017年“双十一”那天，阿里巴巴小笔交易销售额达到了250亿美元。相比之下，Vente Privée和Show Room Privé（法国两大闪购网站）每年的交易额只有40亿美元。

2005年，在与雅虎公司的合作中，阿里巴巴集团接管了雅虎中国的运营。对走向衰败的雅虎来说，阿里巴巴的收购金额所代表的就是它的大部分市值。

2008年，淘宝网创建了零售网站淘宝商城，用以补全C-to-C（客户对客户的电子商务行为）市场。通过这种方式，阿里巴巴形成了 B-to-B，B-to-C（企业对客户）和C-to-C的电子商务模式。2007年，阿里巴巴集团成立了第一家研发机构，用于大量投资所有可以保证、促进未来发展的事物，尤其是云端和人工智能。

邓肯·克拉克（Duncan Clark）在《阿里巴巴》一书中表示，阿里巴巴改变了中国人的消费方式。[①]

2014年，阿里巴巴在纽约证券交易所上市，筹集到250亿美元的资金。[②]《世界报》头条曾说道:“阿里巴巴签署了历史

---

① L'Incroyable Histoire de Jack Ma, le milliardaire chinois, François Bourin éditeur, 2017.

② En septembre 2014, l'ensemble des sites Web du groupe réalise 80% des ventes en ligne du pays.

上规模最大的IPO（首次公开募股）。”[①]一个中国企业，在作为资本主义象征的核心机构里，打破了美国纪录。

2015年3月30日，马云与印度总理纳伦德拉·莫迪会面，讨论阿里巴巴集团帮助印度小型企业的计划，继续在中国境外部署，同时也起到了增进沿途国家与中国友好关系的作用。

2017年9月，蚂蚁金服（包括支付宝、蚂蚁聚宝、网商银行、芝麻信用和蚂蚁金融云）与其最出色的竞争对手——腾讯，达成了共享音乐权的协议，该协议旨在保护流媒体服务，发展中国流媒体市场。

2018年5月，阿里巴巴从德国电子商务投资公司火箭互联网（Rocket Internet）手中收购了Daraz（东南亚电商巨头）——世界上为数不多的欧洲巨头之一。Daraz 是亚洲领先的鞋类和时尚在线精品店之一。被收购前，Daraz已经在几个南亚国家经营发展，包括孟加拉国、缅甸、尼泊尔、巴基斯坦和斯里兰卡。

在不到10年的时间里，阿里巴巴集团投资了近百家公司，包括美团、微博、海尔、来福车（优步竞争对手）、优酷（中国的YouTube）、新加坡邮政、Snapchat（照片分享

---

① https：//www.lemonde.fr/economie/article/2014/09/19/ce-qu-il-faut-savoir-sur-l-entree-en-bourse-dalibaba_4490423_3234.html.

应用，美国）、软银机器人、滴滴出行、Magic Leap（增强现实公司，美国）、Ucar（优卡，汽车加油服务平台）、中国联通、万达电影……

2018年财年，阿里巴巴的收入接近400亿美元，员工超过6.6万人，阿里巴巴营业额比全球最大的公司富士康（Foxconn）高4倍，但富士康却有着比阿里巴巴多30倍的员工数量。数字经济不会再创造更多的就业机会了……[①]

腾讯，在各个方面拥有美好的未来

腾讯，由马化腾（英文名Pony Ma）和四个同事于1998年建立。腾讯的第一个通信软件为即时通信服务（OICQ）。1999年，美国在线通信软件ICQ采取法律手段后，OICQ迅速更名为QQ。2001年，南非公司Naspers收购了腾讯46.5%的股份。

腾讯公司最初的收入完全来自广告和高级QQ用户。从2005年开始，该公司的商标——红带企鹅——也成为其收入来源，这一切多亏了销售。

自2003年以来，腾讯开始涉足网络游戏服务。游戏是一

---

① https：//www.alibabagroup.com/en/news/press_pdf/p180504.pdf.

个重要的市场，因为游戏机还没有在中国普及，所以人们都习惯于玩线上游戏。

2013年，腾讯投资4.48亿美元收购了百度竞争对手搜狗的少量股权。

随后，腾讯收购了中国电子商务网站京东15%的股份，并将其电子商务业务（拍拍网，QQ网购）和易迅整合进京东，目的是“成为阿里巴巴马云的竞争对手”。两个月后，京东在纳斯达克上市，腾讯将其在该公司的股份增加到17.43%（追加投资了10亿美元）。

2015年，为了确保其网站的用户能够访问国外一手的内容，腾讯宣布与美国HBO电视网达成协议，该公司授予腾讯在中国的独家发行权。2014年，腾讯推出中国第一家互联网银行——微众银行（WeBank）。

2017年3月，美国汽车制造商特斯拉宣布腾讯持有自己公司5%的股份，特斯拉的老板埃隆·马斯克是小半个中国人！2017年4月，腾讯推出自己的游戏平台WeGame，该平台拥有来自世界各地的游戏，并提供一站式服务，旨在为游戏创建一个完整的开放生态系统。中国人的围棋游戏一直在持续进行。

2017年，腾讯影业宣布有意与海外影视公司合作，共同推出新作品，并长期投资电影和电视行业。（例如，腾讯影业正在参与《终结者》系列电影下一部作品的制作，并于2019年发行。）2017年11月，腾讯在公开市场上收购了Snap公司（Snapchat母公司）12%的股份，目标是帮助Snapchat成为一个在线游戏平台。就收入而言，腾讯是全球最大的视频游戏发行商。

2017年12月，腾讯音乐娱乐集团和声田（Spotify）决定交换10%的股份，以组建全球行业联盟。同年，腾讯另一应用程序——微信，第二季度的月活跃用户达到9.8亿。腾讯还建立了人工智能驱动的自动驾驶汽车计划联盟，以避免将移动市场留给百度和阿里巴巴。

2017年，腾讯超越富国银行，跻身全球十大最具价值公司之列，成为继阿里巴巴之后第二家市值超过4000亿欧元的亚洲公司。不过，这远远落后于苹果在2018年的1万亿美元市值，现在苹果仍然是龙头。

勇者的步伐永不停歇。2018年1月，腾讯和乐高联手开发网络游戏，并计划为儿童开发一个社交网络。与此同时，腾讯在上海推出了“无人临时商店”的概念。实际上，其他公司，比如阿里巴巴、亚马逊和京东，早就已经冒着风险尝试过，但是没有人能在营业头两天接待3万多位顾客。

自动化服务技术非常有前途，预计到2020年，无人门店的市值将达到9500亿元。2018年1月，腾讯与家乐福在中国达成战略合作协议。[①]腾讯表示，它期待着与家乐福合作，致力于大大提升用户的消费和服务体验，家乐福集团也可以凭借腾讯的移动支付、数字联盟计划、云服务等技术能力，提高服务质量。同时，腾讯也发现其“对手”兼兄弟公司阿里巴巴选择投资家乐福的竞争对手——大润发和欧尚。2018年3月，腾讯不忘其游戏业务，从法国“金牌公司”维旺迪手中收购了育碧5%的股份。腾讯的投资还覆盖了：Snapchat、滴滴出行、来福车、大众点评、微众银行、拼多多、摩拜单车、特斯拉、Flipkart（印度电商）、中国联通、声田、优步、Go-Jek（共享出行服务商）、N26（德国数字银行）、育碧等200多个公司，投资总额高达数百亿美元。

2018年3月，腾讯的通信服务应用程序——微信，每月活跃用户数突破10亿大关。这是一个整合了实用性和功能

---

① https://news.cgtn.com/news/3d416a4e34674464776c6d636a4e6e62684a4856/share_p.html.

性，让马克·扎克伯格无法入睡的移动应用程序。[1]腾讯的未来看起来更加美好。

国内市场，持续关注

2017年，中国移动电话用户数量突破14亿。

随着人民的生活水平不断提高，中国的经济增长点集中在国内市场的发展变化上。中产阶级正在快速增长，并且他们有消费欲望。企业和政府的目标是提高社会各阶层人民的生活水平。

农民不能被遗忘。阿里云推出了“ET农业大脑”计划，旨在通过机器学习算法提高农业生产力，该项目是阿里云“ET大脑”计划将人工智能应用于中国多个传统产业的一部分。[2]

2015年，由黄峥（Colin Huang）（原在谷歌，后离开硅谷回到中国）创立的创业公司拼多多也对中国农村市场感兴趣。拼拼多看到了购买力逐渐增强的农村市场所具有的利润

---

① http：//www.businessinsider.fr/us/wechat-has-hit-1-billion-monthly-active-users-2018-3.

② https：//www.techinasia.com/alibaba-ai-et-brain-agriculture.

空间，决定为其客户提供团购以压低价格。这家初创公司高瞻远瞩，于2018年7月进入“由中国人撑起的”纳斯达克。收盘时，该公司股价达到26.7美元，估值接近300亿美元。首次公开募股后，黄峥拥有拼多多46.8%的股份，当年38岁，位列“2018年胡润百富榜”第13位，也是最年轻首富之一。①

随着所有这些“民族英雄”的出现和日益活跃的内部市场发展，我们发现硅谷模式以更大更快的方式在进行复制。因此，华为、腾讯、百度、阿里巴巴等元老们都开始作为天使投资人进行投资。一旦一家公司脱颖而出，网络就会呼吁仍在任职的“同志们”、元老级别人物和初创业者联合起来，旨在让大公司通过持续的投资来加速这些初创企业的发展。

学生，克敌制胜的法宝

政府使用的另一个战略“工具”是学生，政府送学生去国外学习。40年来，中国出国留学的学生已经超过500万人，希望出国留学的中国学生数量还在持续增加。2017年，

---

① https：//www.techinasia.com/new-rival-to-alibaba-ready-for-ipo-pinduoduo.

所谓的发达国家不再是最受中国留学生欢迎的国家，反而是新丝绸之路共建国家开始迎接越来越多的中国留学生（超过6万名学生，包括3000多名政府资助的学生）。

2017年，3.12万人在政府的资助下到94个国家学习，其中包括约1.28万名受邀访问学者（41.17%）和约1.32万名研究生或博士生（42.29%）。中国乐于为人才投资，而不是把他们从一个实习推到另一个实习……

为了吸引这些学生，一些法国大学（其中不乏名校）毫不犹豫地分配名额来接纳他们。这一制度非常有远见，因为该项制度有利于今后法国与中国进行合作。举例来说，如果将来一个在法国学校里读过书的中国学生必须在德国和法国之间选择合作伙伴，那么他选择法国人的希望自然更大。

培养人才使中国能够获得在重要的战略领域拥有全球视野和国际比较视野的学生。[①]几十万年轻人在国外接受教育，了解外国文化，学习外国语言。他们优秀聪明，有跨文化能力，有雄心壮志。他们自己组成了一个人才网，并成为中国政府的可用资源。与此同时，我们却正在失去法国高中生的国际资源。

一旦毕业，这些中国留学生就会回到中国。1987年，选

---

① http：//en.moe.gov.cn/News/Top_News/201804/t20180404_332354.html.

择回国的学生还只占全体中国留学生的约5%，2007年增加到30%多，2017年增加到79%！[①]获得高学位的学生最有可能回国，因为一旦回到国内，他们就会获得掌握实权的吸引人的职位。这与法国人民所经历的正好相反。

早在党的十七大，中国政府就制定了“走出去”的国家战略，旨在鼓励有能力的中国企业到海外投资。政府的目标很明确：增加中国对外直接投资，提高中国品牌和企业在欧洲和美国市场的认可度。

2003年，中国海外投资额达到350亿美元，2007年，达到920亿美元。2010年，中国企业利用席卷西方国家的经济危机进行并购，并加速海外投资。也正是在这一时期，中国成为仅次于美国的世界第二大经济体。

刚毕业的中国学生有机会留在他们留学深造的国家，并受雇于一家寻求在法国或世界其他地方开拓业务的中国公司，这样还可以使他们远离自己管得太多的父母。

---

① https：//www.scmp.com/comment/insight-opinion/asia/article/2157081/how-chinese-students-whoreturn-home-after-studying.

文化博弈：以电影为例

中国人清楚，人们总是对他们不了解的事情没有信心。中国政府正在推动中国文化走向海外。以电影为例，起初中国严格限制引进美国电影的数量（美国电影内容中过多涉及性、毒品、政治或暴力的场面，在审查时都被剪掉了）。

自1994年以来，中国根据收入分成（中国经销商向外国生产商支付其收入的一定比例）对可以在中国电影院上映的外国电影数量进行限额。一开始，中国放映了少量美国影片，1994年只放映了10部，2002年有20部，这个规模不会造成文化上的不稳定。2012年，奥巴马总统前往北京进行谈判，使美国电影在中国上映的数目达到34部。在谈判过程中，中国人提出了他们的条件，比如在选定的电影中增加一个中国演员。你知道吗，电影《钢铁侠3》有两个版本。在中文版本中，增加的一些内容是为了更好地迎合中国公众，电影最后甚至为此添加了场景。例如，托尼·斯塔克看中国医生，在上海做手术等。“詹姆斯·邦德”也找到了自己在广告投放方面的老板。

随后，万达、阿里巴巴、腾讯等巨头受到“刺激”，也纷纷为西方电影投资，目的是推动它们的“中国化”。这就是为什么在美国大片中亚裔演员的数量显著增加（例如凯莉·玛丽·陈在《星球大战：最后的绝地武士》中饰演角色），在中国拍摄的场景也逐步增加。西方文化在售卖，而中国人在购买。

一些事实证明，中国的方向已经改变。2017年1月，中国院线放映了惊悚科幻片《生化危机：终章》，出乎所有人的意料，从第一个周末起上座率持续爆满。中国的年轻一代是该电影主要的消费者，因为他们的习惯比他们的父辈更贴近西方年轻人。

如今，对于在中国放映的任何电影，制片人几乎都能收回预估的利润。同时，现在电影的投资者大多是中国人，这样的局面带来的结果就是，右手资助左手，钱都落入中国手里。

很快，中国制作的电影将在欧洲荧幕和电视频道上找到自己的位置。中国这样做的目的是将中国文化传播到世界各地，让外国人去发现中国。别怀疑这一点！中国相信，电影将一如既往地发挥其消除成见、让观众接受不同国家之间差异的作用。中国政府希望以此在外国观众心中改善中国人的形象。

了解中国文化符合世界人民的利益，因为在未来，中国文化将无处不在。虽然美国人在文化领域仍然处于垄断地位，但中国人有志于追赶他们的脚步，并发挥其自身优势。目前，没有人梦想着成为中国人，但中国正在致力于让别人希望自己成为中国人。

以中国导演张艺谋执导的中美合拍电影《长城》为例。这部奇幻电影于2017年在美国上映，由马特·达蒙（Matt Damon，在中国非常受欢迎）与中国女演员景甜共同主演。这部中美合拍的影片耗资仅1.5亿美元，而3.2亿美元的票房收入足以“偿还”其前期支出的成本费用。虽然这部电影在北美只赚了3480万美元，但是没什么大不了的，中国极具耐心地设法实施自己的战略，笃定中国文化会随着时间的推移被更多的人发现并热爱。2005年，中国银幕数量还只有2675块；2017年，中国的银幕数量就已经超过5万块，并且这个数字还在继续增长。等到中国文化成功体现其吸引力时，营业额也就跟上来了。

向西走！中国公司走向世界

没有什么能阻止中国人走向世界，除非建立国际性抵御战线（这将是一个冒险的措施，因为中国已经在海外进行了大量投资，而建立抵御战线可能会使中国撤回其投资，这将对相关国家的经济产生负面影响）。

中国的高科技公司在欧洲已经发展很成熟，法国是中国公司建立欧洲总部的主要地点。华为的欧洲地区总部位于布洛涅，截止到2017年底，华为在法国设有4个研发中心。阿里云创建于2009年，自2016年起将欧洲总部设在巴黎。2018年，这家中国公司在F站（F站是为泽维尔·尼尔提供创业孵化的地方，是法国企业创新和初创企业的象征）组织举办了首届峰会，并邀请它的合作伙伴英特尔公司作为见证者。2018年3月，中国移动公司在巴黎香格里拉大酒店正式宣布成立法国子公司，进入欧洲市场。中国已经走近世界舞台中心。中国“走出去”的公司中，所有团队都由掌握包括中文在内的双语甚至三语的中国人和专业的法国人组成，这样做的目的是成功实现与万里之外的母公司进行清晰有效的沟通。像华为这样经常被指责或列入黑名单的公司，会通过各种方式重塑自己的形象。

就像日本人曾经带着低价的中档车进入美国汽车市场（几年后，这些轿车以更高的价格成为高档车），中国人也使用类似的策略来展示他们的产品。例如，华为P20被评为2018年市场上最好的手机。

现在，中国人已经掌握了从概念设计到生产线末端的一切。他们掌控研发、拥有工厂、控制物流仓库、定义未来市场，这一切多亏了具有超级消费能力的中产阶级，这个阶级拥有着世界上最大的消费潜力。中国人已参与到所有可能的活动当中，并在相应领域都拥有专家。这些专家被耐心地培养起来，从而可以确保今后中国能够进一步开拓市场。你的新老板在等你。

需求与公司同步发展。中国已经建立并且还会继续扩大国内市场，这一市场正在呼唤更高质量的商品。

由于劳动力成本增加，那些不能适应现状的老旧工厂不得不倒闭，实现部分自动化或者全自动化是中国工厂面临的一个重要课题。富士康是一家台资公司，也是世界上最大的公司之一（拥有170万员工），该公司的大部分工人都在中国大陆工作。富士康现在毫不犹豫地把工厂搬迁到中国西部，同时投资机器人行业，该公司的“福克斯机器人”将取代那些工作效率低下或不熟练的工人。2018年2月，富士康已经安装了4万台机器人。富士康总裁郭台铭（Terry Gou）表示，富士康的最终目标是到2030年用机器人取代人工操作。

但是高科技行业并不是中国正在崛起的唯一行业。2017年，超过1200万的中国人到欧洲旅游，旅游业正在成为中国的一个关键产业。[①]该行业也存在许多收购和并购，例如：中国东方航空集团公司拥有法荷航空10%的股份；中国酒店行业的领头企业——锦江集团收购了法国雅高酒店集团15%的股份，同时收购了卢浮宫酒店集团；中国的复星集团收购了地中海俱乐部。中国不会让本国国民在西方国家旅游时花出去的钱流失掉，而是要把那些钱收回来。这也是政府知道外汇在海外的消费去哪儿的一种方式。

为了促进新丝绸之路的发展，中国正在从国外购买港口基础设施，如希腊的比雷埃夫斯港，勒阿弗尔的14公顷仓库、600公顷的城堡和图卢兹的布拉尼亚克机场，以容纳运往欧洲的中国货物。[②]

控制资金外流，将资金集中在国家手中

中国每年有1.2亿人次（这个数字还在增长）周游世界，

---

① https：//www.capital.fr/entreprises-marches/leurope-veut-seduire-les-touristes-chinois-1266620.

② https：//www.lejdd.fr/economie/ce-que-les-chinois-ont-achete-en-france-etat-des-lieux-3477638.

他们同时也关注着周边国家的发展机遇，跟随着政府所支持的“一带一路”倡议的方向。海外华人在这一过程中发挥了重要作用。散居海外的中国人纷纷兴办企业、开办餐馆，在某种程度上，他们像留学生一样同他们在国内的家人保持密切联络，并为那些前来参观或投资的中国大陆人提供帮助。

中国政府希望控制外汇流动。根据法国财政部2018年1月发布的一份报告：“2017年，中国采取相应措施控制资金外流，并规范对其跨国公司的投资政策之后，中国商务部的数据显示，资金外流量下降了近40%。然而，预计到2020年，中国将成为全球最大的股票投资者。”①这种资金外流量下降与政府的策略有关，政府出于国家利益考虑，想要把资金集中在国家手里，以扩大国家的影响力，而不能不加控制地让那些富裕的初创企业老板任意挥霍，比如享受自己在波尔多购买的城堡，在西方媒体的图片中炫耀自己，激起民众反感以及产生社会不公。

然而，贵州茅台并不属于这种情况。尽管在欧洲尚未被人熟知，但是这家公司在葡萄酒和烈酒领域的市值却成为全球领先（排在保乐力加和帝亚吉欧之前）。其产品茅台酒是

---

① https：//www.tresor.economie.gouv.fr/Articles/32cc1416-97e6-4343-8423-826e4a3d2cb9/files/a851eead-dce8-408a-8bdd-c16a8e867b4d.

政府及其附属单位的官方招待用酒，顺便说一句，也是在中国被仿冒最多的商品。茅台出现在中国重要的官方招待场合，无论客人是尼克松、特朗普还是金正恩。2003年，这家国有企业收购了盛产高级葡萄酒的露黛尼酒庄（圣伊赞斯-德梅多克产区），贵州茅台生产的葡萄酒将在法国销售，同时也进口到中国。

商业活动的三大支柱

对中国人来说，中国的商业活动有三大支柱：银行（在政府的控制下进行风险评估）、省市（实施中央政府的指示）和中央政府（在国家层面上，制定方针政策以及活动准则等，并监督实施）。

跨国公司在国际上所做的一切都要遵守这三方的要求。中国企业在欧洲所有没能成功实施的并购或收购计划当中，有一半是因为没能遵守这三大支柱中的其中一个的要求，另外一半可能是因为欧洲方面的封锁（通常是国家层面实施的禁令）。

未来我们都可能会有一个中国老板（作为上级、所有者、投资者、合作伙伴或供应商），所以没必要因为你现在还不是老板而担心。就算迄今为止，还没有任何一家由中国收购的公司把领导者换成中国人，一般情况下，我们只能在在财务或者会计部门找到中国人，因为他们需要掌握资金流动情况。他们明白，让本地人来做领导可以减少不信任，并且可以避免因文化背景不同产生沟通不畅及不满情绪，他们知道自己需要对公司的发展情况有所把控。一个公司的领导既要负责公司的战略，又要保障公司的绩效。与中国人不同，英国人、美国人、日本人在完成收购后，往往会用自己人去换掉原来公司的法国领导。而当中国人收购欧洲公司（例如复星集团并购地中海俱乐部，或者锦江国际收购卢浮宫酒店集团）以后，他们不会把自己的那一套做法强加给员工，也不会去教这些集团如何按他们的模式去管理业务，他们只是会安排进去一个确保计划顺利进行的人。中国人是仁慈的、家长式的，即使他们要求很高。成功的中国公司愿意与员工共同分享所得，而不是把整个羽绒被都卷到自己这一边。

我们必须适应。中国人以一种开放又谨慎的方式，几乎随时随地存在于我们日常生活的方方面面。关心中国文化，让我们的孩子学习汉语，接近中国，这才是符合我们利益的选择。但同时也要记得，将我们与中国区分开来。理解他们是为了更好地抵抗他们，或者与他们竞争。

PART 3

同时期的其他国家

15世纪，中国航海家郑和从中国的南端出发，航行至非洲好望角，他的船队规模如此宏大，以至于外邦的君主承认并交好于那个至高无上的明王朝。当时的中国不费一兵一卒，就与前来朝见拜访的国家发展了贸易关系。

第八章
重新发牌，中国施以援手

亚洲猛虎

亚洲猛虎，指的是泰国、马来西亚、印度尼西亚、越南以及菲律宾这几个国家。它们接受了来自中国的巨额投资。

泰国

2019年，在泰国投资消费的中国人预计将超过1300万。泰国是中国人的第三大投资对象国，尤其是在房地产领域，中国在这里进行较大规模投资。[①]

在2014年政变以后，泰国一直是军政府掌权。军政府很希望找到一个强大的伙伴来帮助他们实现国家的繁荣，从而维护他们的政权稳定。2017年，军政府首脑动用“他的

① http：//immobilier-en-thailande.com/chinois-ruee-vers-limmobilier-thailandais/4892/, http：//fr.cctv.com/2016/11/24/VIDE1v2gZrrnMW2S1Wg2hgJa161124. shtml.

全部力量，为中国在泰国境内铺设高速铁路扫清一切法律障碍”。[1]可见，两国之间一定进行了多轮谈判协商。

泰国从中国购买了115节用于长途旅行的客运列车车厢，同时也卖给中国200万吨大米和20万吨生橡胶。中国和泰国达成三艘总价值达10亿欧元的武器潜艇，以及一条总价值达110亿欧元的高速铁路线的合作。所有基础设施建设合作项目都在加速发展，因为这些项目对于新丝绸之路来说必不可少。

马来西亚

发生在马来西亚前总理和财政部全资拥有的战略发展公司——一个马来西亚发展有限公司（1MDB）之间的洗钱事件，曾使马来西亚陷入困境之中。该国新政府需要改善形象，严格控制国外投资，中国受此波及，被迫中止了220亿美元的投资，该国新政府开启了一段行事低调的恢复期。[2]

但是，与该地区所有国家一样，马来西亚还继续享受着

---

① http：//www.khaosodenglish.com/politics/2017/06/16/junta-exempts-chinese-thai-law-build-railway/.

② https：//www.lesechos.fr/finance-marches/marches-financiers/0301929430740-laffaire-1mdb-setend-a-la-chine-2190405.php.

来自中国的资金，以改善国家自身的基础设施和旅游条件，从而更好地接待来自中国的游客，并继续获得中国制造的商品，利用新丝绸之路实现商品的接收和分发。

印度尼西亚

对于印度尼西亚来说，中国是最大的外国投资者，2017年的投资额为34亿美元（同比增长26%）。[①]

由于这个国家拥有1.3万多个岛屿和位居世界第四的总人口数，许多中国集团都对印度尼西亚十分感兴趣。

和马来西亚一样，在印度尼西亚也有非常重要的华人团体。这些华人出生在“亚洲猛虎”国家，并积极为其所在国家的经济发展做出贡献。

越南

根据《越南法语日报》报道，中国目前在“120个投资越南的国家和地区”中排名第8，投资额达120亿美元。中国企业的投资主要集中在电力、天然气和水力能源的制造、

① http：//french.china.org.cn/business/txt/2018-04/25/content_50962495.htm.

生产和分销，以及房地产、酒店、建筑和采矿等行业。①

所有这些产业都与中国政府对新丝绸之路的计划和经济发展相关。

菲律宾

尽管中国和菲律宾对于南沙群岛部分岛礁的归属问题存在争议，但是菲律宾还是意识到自身基础设施建设方面的落后，根据世界经济论坛的全球竞争力指数，菲律宾在基础设施建设方面排名世界第97位（共137个国家），这一数据反映出基础设施的大幅落后，严重阻碍了菲律宾的经济发展。因此，菲律宾知道其必须要依靠中国。在这种情况下，中国既是菲律宾的邻国，又是该国经济建设强有力的支撑。和往常一样，中国加入了菲律宾的基础设施建设项目之中（或者说在这方面采取了让步），慷慨地在当地建立合作的公司，并通过借贷等方式向菲律宾提供融资。

很多国家都试图通过要求中国购买自己的资源来重建平衡，而中国也清楚地知道自己能从中获得的利益。因此，菲律宾向中国提供石油资源，同时也保证了自己国家的能源废

---

① https：//www.lecourrier.vn/le-vietnam-destination-de-choix-des-investisseurs-chinois/451157.html.

料得到处理。

总体而言，这些“亚洲猛虎”都将由于与中国的合作而获益，并逐渐从中国的投资和建设中获得更大利益。中国的投资使这些政府能够改善基础设施，并在短期内利用本国的人口区域优势实现经济增长，从长期来看，这肯定是个双赢的结果。

特例——朝鲜兄弟

朝鲜和中国同为社会主义国家。中国和朝鲜之间的贸易主要是煤炭贸易，中国需要从朝鲜购买煤炭以供发电厂运转。

然而，环境问题已经成为中国政府面临的重要问题，中国决心逐渐用更清洁的能源替换掉那些存在污染的火力发电厂。这些转变不利于中朝之间的煤炭贸易，因为中国购买煤炭已成为朝鲜重要的收入来源。

由于美国的经济封锁，中国不便在朝鲜直接办工厂，或在朝鲜建设基础设施，否则国际环境将对中国和朝鲜均有影响。朝鲜要做的就是不断加强与各国的邦交。

2018年6月，金正恩与美国总统唐纳德·特朗普签署了《美朝联合声明》。如果形势有可能朝着推进朝鲜半岛问题的和平解决的方向发展，朝鲜的投资环境会继续向好，中国可以在这片土地上进行投资，并为朝鲜提供中国自从1979年对外开放以来所获得的全部经验。

朝鲜拥有相当重要的海上开放优势，与美国的加利福尼亚州隔海相望。可以想象，苹果公司价值1000美元的iPhone X或许有一天可以在朝鲜被制造……

印度半岛的国家

在中国围棋战略思想的指导下，中国改善了与印度半岛国家之间的关系。中国在巴基斯坦进行了大量投资，超过620亿美元的投资用于通过中巴经济走廊（CPEC）实施的基础设施项目；300亿美元用于孟加拉国的基础设施建设；在马尔代夫建新机场（该机场最初由一家印度公司负责）；160亿美元的投资用于尼泊尔；至于处在印度半岛南端的战略位置上的斯里兰卡，中国得到了汉班托塔深水港70%的股权，及周边超过6000公顷土地99年的租用权。

中国对印度半岛这些国家进行投资、促进它们发展的同时，也使得这些国家同中国的关系更为密切。

印度的组织能力并不如中国那样井井有条，但是对外贸易开放程度较高。印度的制度，或者说印度的多种制度，使得这个国家非常分散且难以管理。中国人知道在该国投资，把部分生产转移到这里能获得多大的利益。印度拥有丰富的劳动力，中国人通过在印度开设工厂，既能保持住工厂的所有权和原先的客户群体，同时还能招到更廉价的劳动力，将工人的劳动力价格维持在一个竞争力较低的水平上。①

通过在印度开设工厂，养活并培训当地的工人，中国使自己成为对印度来说不可或缺的存在，并且设法改善了自身同印度的关系。印度一向与西方国家非常亲近，又对自己的邻国持怀疑态度，最终发现自己蹚了一摊浑水，并且印度国内的动荡十分不利于其自身的发展。中国是印度的第一大经济合作伙伴，通过联系的日益紧密，两国能够在更多领域实现共赢。

---

① https：//www.techinasia.com/india-threatening-madeinchina-industry.

东欧、南欧及巴尔干半岛

对整个巴尔干半岛来说，包括港口、机场、公路、铁路的改建和现代化建设是打造新丝绸之路的重要内容。在巴尔干地区，中国签下的许多合同都集中在基础设施建设方面，包括这些国家无法从西欧国家获得资金支持的铁路建设。

2016年4月，中国远洋海运集团有限公司（简称“中远海运集团”）买下了希腊最大的港口比雷埃夫斯港67%的股权。中远海运集团是一家国有运输和物流公司，拥有世界第四大的集装箱船队。齐普拉斯（希腊总理）需要钱，而中国人对到这里投资感兴趣。[①]

比雷埃夫斯港对中国人来说也具有战略意义，作为从苏伊士运河到地中海运输的第一大港口，该港口的水深可以容纳最大的集装箱船通行。那里的基础设施一旦建成，货物将从比雷埃夫斯港转运至欧洲东南部的所有国家。[②]

中国将该地区视为通往欧洲的重要走廊。在该地区进行的项目包括克罗地亚南部的一座跨海大桥，华为对塞尔维亚

---

① https：//www.reuters.com/article/greece-privatisation-port/chinas-cosco-acquires-51-pct-stake-in-greeces-piraeus-port-idUSL8N1AR252.

② https：//www.ft.com/content/6c646a3e-7d29-11e8-bc55-50daf11b720d.

电话公司进行的现代化改造，以及在黑山建造的连接贝尔格莱德和亚得里亚海的高速公路。

其实，西欧国家从中国获得的投资，比在欧洲南部、东部和巴尔干地区各国获得的还多。由于西欧国家已经拥有货物自由流通所需的基础设施，中国的投资多集中于那些提供世界所需产品和服务的公司和行业。

其他国家和地区

中国不想给自己树敌，同时也接受（来自国外的）反对和质疑，但是中国的外交政策和目标要求自己要低调地前进，一小步一小步地迈进。在此过程中，中国希望能使政治上的敌人改变看法，从而“策反”自己的敌人。中国的经济实力的增长以及其他国家同中国关系的日益密切使得一切都变得有可能。

俄罗斯

尽管中俄之间曾经面临一些边界争端，但这两个有着长期友好合作的国家在战略联盟的利益面前，都能将边境问题暂时搁置。

中国和俄罗斯一直拥有共同的利益。中国想要在世界舞台上立足，就必须拥有合法、强大且拥有共同利益的盟友，以便防止局势发生任何逆转。中国想要重新恢复昔日的地位，就不能与邻国交恶。为了保证其正当性，中国不能任凭自己受到威胁，而是必须协调好边境上的利益和管辖权问题，以免双方发生军事冲突。

尽管俄罗斯的经济总量只是中国的10%，但经济上的联系对双方来说还是十分关键。中国是原油进口大国，俄罗斯则是2017年中国的最大供应国，北京方面曾向莫斯科方面提供了数百亿美元的贷款，以确保未来石油和天然气的供应。

对中国来说，美国对俄罗斯公司进行的制裁无疑会影响中俄贸易，因此，中国为遭受制裁的俄罗斯公司提供了强有力的支持。

伊朗

对于中国而言，伊朗与其他国家一样，意味着一个需要基础设施、工作岗位和消费品的市场。中国面对美国人发表的威胁言论充耳不闻，使美国的影响降到最低。中国不与任何国家结盟，但中国人的信息十分透明，凡是能获得贸易机会的地方他们都会去积极争取。中国不需要任何人告诫自己该如何治理国家，中国也不接受任何国家打着“人权”的旗号对自己实行道德教育等。

中国与伊朗及其邻国阿富汗的友好合作关系，有利于该地区的部分区域稳定下来。毕竟，中国越来越多地参与阿富汗庞大自然资源领域的发展合作，而与中国合作的任何政府都不会与其他同中国有利益关系的邻国发生冲突。一旦中国的利益受到威胁，北京方面就会立即协调解决冲突。

由于“一带一路”建设对能源有大量需求和依赖，于是伊朗就成为该建设取得成功的关键。中国合作参与伊朗的基础设施建设，包括电力、水坝、水泥厂、钢铁厂、船舶制造、高速公路和机场。

中国与伊朗在国防方面的合作，包括武器和技术的交易以及联合军事演习，是伊朗和中国在波斯湾，以及伊朗与俄罗斯在里海形成的关系中日益重要的一部分，这也是使美国感到十分紧张的原因。

土耳其

正如伊朗是美国的“克里普顿石”[①]一样，土耳其（自

① 《超人》系列漫画中一种能战胜超人的矿石，后指代刀枪不入的英雄的唯一弱点。——译者注

埃尔多安时期起）也是欧洲的“克里普顿石”。同欧洲在支持土耳其的政治和意识形态方面表现出的迟疑不同，中国正在加强与该国的联系，在土耳其投资的中国公司可能超过了1000家。这没有什么好惊讶的，因为中国人青睐基础设施建设、能源、金融、旅游、房地产和电子领域。

土耳其处于中国和西欧之间的中心地带，地理位置优越，是理想的物流枢纽，也是欧洲的大门，与该地区的合作能够确保与各个国家之间的物资调配。

2015年9月，中国海运集团（2016年2月，与中国远洋运输集团合并为中远海运集团）以9.4亿美元的价格轻松收购了土耳其第三大集装箱码头，即位于伊斯坦布尔、地理位置十分理想的康普特港。在2017年“一带一路”峰会上，两国运输部、海军以及通信部之间签署了一项协议，允许对方的运输车辆在本国境内免税通行。

土耳其、罗马尼亚和保加利亚都是欧盟核心地区的候选国家，如果这三个国家中的任何一个被并入欧盟申根区，那么中国就能够避开海关屏障顺利进入欧盟申根区。

我们应该团结起来共同应对吗

中国将夹紧她的虎钳，围棋游戏即将结束。人民币将成为一种参考货币和兑换货币，被新丝绸之路的成员国普遍接受，而这是欧元所无法做到的。在中欧班列开通后，从中国出口的集装箱回来的时候又将装满销往中国国内市场的货物，贸易将保持平衡，中国人将同时享受到出口和进口给他们带来的好处。他们还将充分使用本地的劳动力，地缘政治也将维持稳定并得到控制，商品流通将得到保障。

不管怎么说，中国已经有了一个良好的开端。当欧洲人沉浸在“引爆”欧洲民粹主义的企图之中时，当非洲艰难地自我发展时，当拥有丰富资源的委内瑞拉、阿尔及利亚在贫困中故步自封时，当国际政治在关于贫困的辩论中打转或为了移民问题争吵不休时，当那些逃避现实讨论并逐渐走向极端的“政治正确”助长了伊斯兰极端主义的兴起时，当我们看着英国在一项为了“摆脱”的协议上花费巨大精力时，当我们对未来失去信心时……当这一切发生的时候，中国正在填补我们留下的空白。就在我们的国际政策大肆宣扬自己的良好企图和美德的时候，中国已经高效率地行动起来了。

第九章
我们为什么不全副武装抵制中国

扔得远的铅球通常不会遇到太大的阻力。世界无法阻挡中国的发展意志。中国拥有众多的人口，广阔的市场，这激励着中国重新崛起，在世界舞台中改变角色。

处于民主制度下的法国没有能力做到这样的团结一致，而且作为决策者的我们在身份转变过程中变得十分被动。我们的脆弱、我们的债务使得我们吸引投资能力趋弱，使得我们在市场的占有中乞求分得一杯羹，同时还要像保护新娘的嫁妆一样，避免引起选民的反感。我们在尚存一分力量的时候，竭力保存我们的战略产业，好给我们留下一种幻觉——觉得自己仍然强壮和光荣。

被带着天鹅绒手套的铁手束缚

不合时宜的社会民主政策

我们是怎么走到今天这一步的？主要是由于盲目和胆怯。以石油时代的危机为开端，1976年以后经济衰落就开始了。左派人士于1981年开始统治法国，但是始终拒不承认衰落的事实，虽然这种局面仅仅持续了几个月的时间，但这几个月就足以使我们在相当长的一段时间里一蹶不振，因为后来没有人愿意去解开这团乱麻。人们要到60岁才退休，而提前退休政策对法国的老年群体来说不亚于一场种族屠杀。这些愚蠢的政策真是令人羞耻的例子：目前我们的预期寿命几乎每年都会延长近3个月，然而我们却把老年人从窗户里推出去，目的就是为了给年轻人腾出地方，好让他们能得到工作，保障就业率。

然而，这场由葬礼音乐伴奏的抢椅子游戏并没能改变年轻人的就业状况，甚至还毁了老年人的工作，导致了就业人口和退休人口的不平衡。在个体层面上，我们活的时间越来越长，但在职场中我们却被看作“年轻的老人”，这样一来，社会的基石就已经遭到了破坏。国家必须用更多的钱在更长的时间里供养更多“年轻的老人”，直到他们成为真正的老人，那时候他们就会患上许多由年龄引起的疾病。因为懒散胆怯，即使在财政亏空、严峻的现实迫使法国政府必须采取有效措施的时候，后几任政府也从来没有纠正过密特朗（法国前总统）犯下的这一教条式错误，这一切是政治制度使然，政治是推销改革的艺术，而如果必须以选票为代价的话，正确的制度改革则永远不会被实施。政党和政客连任的愿望代替了荣誉感和意识形态，在政策选择上必然出现个人利益凌驾于集体利益之上。

对购买力认知的错误

对于政策所带来的问题，我们有必要找到一个绝妙的办法来挽救这一切。这个绝妙的办法起初是在法国政治家和民众的联合中被动产生的，即通过购买力弥补损失。于是，一个巨大的诡计诞生了，和所有假象一样。在国家抛弃老年人口，否定和推翻过去，将未来发展作为代价的时候，整个社会的运转就出现了故障。法国政治家又在他们单调的话语中添加了一个为改变未来开出的药方，空洞的承诺：购买力。

然而人口的衰落导致本就软弱无力的购买力无法走出困境，难以实现经济持续增长。增长是需要生产力的，需要公司降低劳动力价格削减成本，因此，法国很多公司搬迁到各种成本较低的地方，且较偏远的地方。到目前为止，幸福的我们对中国或巴基斯坦的孩子们的处境充耳不闻，他们挣的那几个美元与我们无关。可我们不知道的是，这很快也会成为我们的处境，而这一切改变都是以增长购买力的名义发生的。

我们创造了这样一种鸡尾酒，成分是三分之一的购买力，三分之一的生产力，三分之一的政治性逃避，即自称“计划破产”的政策。真是可笑，在政客的授意下，低廉的劳动力价格拉低了就业率，同样的政策也对那些因要降低成本而搬迁的公司造成了不小的伤害。这样的政策无疑是毒药，我们扼杀了中小企业、生产性部门、老年人口，同时还通过这种盲目教条性的劳动法堵住了年轻人就业的途径，形成他们进入公司的真正壁垒。于是，我们把就业岗位疏散了出去，尤其是疏散向中国，中国人可从来不会抱怨这样的就业岗位。

西方人的短观与中国人形成鲜明对比。中国人已经发展了自己的视野和生命力。大型零售商是造成法国当前局面的助长器，它们对降低的商品价格和在超市中创造的那几个零星的工作岗位感到十分满意。没人再去考虑工作岗位的流失在20年后将会对国家产生怎样的影响。20年对于政府的政客们任期的截止日来说太遥远了，“我死之后，哪管它洪水滔天”。可是现在就已经是“洪水滔天”的年代。

西方的增长购买力战略为中国提供了便利。我们不愿意为昂贵的本土产品付钱，反而把钱付给了中国产品，因此，当务之急是要把价格抬高到合理的水平，也就是说要学会为优质的服务与质量掏钱。如果还有可能的话，我们还应该尽早意识到价格的背后是人，低廉的价格意味着失业人数的增加。

我们决不能保护虚高的价格，但是我们必须刺穿“价格降低论”的毒瘤，这种令人厌恶的说教助长了价格的下跌，而价格的下跌意味着企业利润的下降，这种说教使得绝大多数人因为获得利润而感到羞耻。关键是，数字并不能改变人们固执地持有“减少消费者支出就是进步”的观念。当然，进步并不意味着减少消费者的支出，消费者的支出是在支付工人工资，比工资还低的商品价格意味着失业的法国人增多，而获得就业的外国人却增加了，你还指望什么？

目光短浅的欧洲

目前，整个西方世界都很不景气，缺乏积极向上的价值观、远见、希望、野心和人性。它蜷缩着，日益衰老，靠利息度日，逐渐失去它的中产阶级，负债累累，生产力低下甚至全部丧失，几乎没有什么增长前景，政治阶层已跟不上时代，一味妥协，毫无权威可言。唯一能够提高生产效率的方法就是尽可能多地降低人工成本。在残酷的现实面前，有些国家有能力生存下来，尤其是中国，但大多数国家则不能。

然而，正是在这些余温尚存的灰烬上，中国的发展欣欣向荣。因为在中国，没有对于商业与规则的空想，也从不受到误入歧途的所谓“民主”观念的误导。可是欧洲该怎么办呢?

还有可能退回到从前吗

没有回头路了，就像我们永远无法重建生态系统一样，完全重塑恢复从前繁荣时期的发展条件是不可能的。人类学完美地证明，最大的变化往往都是悄然发生的，那些说能够预见未来或是重现过去的都是江湖骗术。万事万物有其自身发展规律，而在规律和事实中间存在着名为“不确定性”的边界。“数字化时代”这头怪兽喜欢把一切都变得可预测，人们提前计划生活，好让未来听令于现在，人们更新现在，而不是更新未来的不确定性。这种情况似乎有利于消费社会的存在。

我们还能回头吗？或许能，但不会和从前一样了。比方说我们可以重新工业化，但是一定是一个没有劳动力的工业化。简而言之，我们可以开始逐渐地将工业活动收回到欧洲，但是使用的劳动力却是从前工厂中使用的人数的1000分之一，因此说不会和从前一样了！完全自动化会使我们拥有空无一人的漂亮工厂。是的，我们可以收回我们的生产活动，也可以在城郊进行一些生产活动，但是不会再提供大量的工作机会了。即使是在中国，现在也不再寻求降低劳动力的成本了，中国想变得富有创造力，并且建设一个我们没能长久维持的社会。

想让我们的国土重新富有生机活力也同样面临着问题。这些土地和土地上面的居民一并被抛弃了，这些居民曾经被兜售过一份由工作机会和消费便利交织而成的城市梦，但他们没有想到的是，自己会居住在城郊，高昂的房价阻止了他们融入城市社会。他们面临着食物质量下降的问题，以及由于通勤路程的增加而导致的大规模污染问题。最近一些研究显示，大型城市在以一种与过去完全不同的方式支配影响着周边的城郊地区。这些大城市和其他的大城市联结起来，财富只在大型城市中间流通交换。但中小城镇发展才是我们的未来，然而西方没人考虑这一点，因此，我们再也没有回头路了。

对于纺织业来说也是这种情况。如今在法国已经没有纺织部门了，也没有相关的培训和行业环境了。就算我们想在法国生产纺织品，也已找不到企业来生产了，也没有这样的培训。总之，走回头路不是办法。向前走还是有可能的，让我们来看看法国所在的欧洲是如何面对其他国家的挑战的。

第十章
为什么你的老板有可能不是中国人？哪些国家将与中国竞争？

除了中国，我们把世界其他部分重新划分成四部分：美国、高速崛起的发展中国家、欧洲以及“新旧”石油大国。

美国，一个例外

美国是一个悖论，它是全球最贫穷的富裕国家，是创业者的乐土，是全世界最具想象力的地方。关于美国的一切，即使是看似最无聊的故事，也能被好莱坞精心策划成传奇，被所有人羡慕着、关注着，尤其是那些憎恨它的人，将它视为文化统治。

据估计，在美国有五分之二的成年人过度肥胖，但同时却有1600万儿童没有足够的食物；在亚马逊（及其创始人）的市值达到万亿美元的同时，却有3500万人处于贫困线以下；在不到15年的时间里，老板和工人之间的工资差距居然达到300多倍。上一代人中，美国90%的人有很大的机会提升自己的社会地位，然而到了2017年，这一比例已下降到50%，超过1500万人放弃了寻找工作，并且这一趋势还在加剧。严格意义上来讲，并没有美国经济奇迹出现，这个负债累累的国家长期受到泡沫的威胁，制造这些经济泡沫的是一些有本事的人，而经济危机伤害不到他们。

然而，美国仍旧是一个制造奇迹的国家。每个人，甚至是那些不太愿意承认的人，都可能会喜欢美国的某些东西：来詹姆斯·迪恩的神话、肯尼迪和路德·金的离世、没有尽头的马路、摩天大楼、金门大桥、帝国大厦、落基山脉、迪士尼、音乐、电影、史蒂夫·乔布斯……我们被“美国佬”的各种奇迹给迷住了。

中国不断地发展、投资和全球化。即便中国的人均债务尚未给经济造成困扰，中国的人均GDP（国内生产总值）也尚未赶上美国的水平，美国继续保持它的强大，但经济危机是美国不可避免的代价，它必须对市场进行必要的清扫，好让这个国家变得更加美丽，然而美国也仅仅是保证自己没有沉沦而已。以色列人是创新方面的天才，在以法国为首的欧洲各国仍为其他一些愚蠢的原因赌气时，以色列人已经在他们和美国之间架起了一座桥。那些你们以为来自美国的创意，其实大多数都来自以色列这个神奇的创新小岛，所有领域里都是这样。

“步入暮年”的欧洲

欧洲从前是一座十分美丽的建筑，后来为了维护和平、促进互助而被重建，可是所有这些美好的初衷都被自私和脱节的官僚机构粉碎了。打着安全和预防的旗号，欧洲被过度规范化了，因而受到各种束缚，毫无自由可言。欧洲不明白这样一句格言：“那些把保险起见视为原则的人也把获得的成功当成了例外。”

一个超越国家的机构可以做到真正的统一、凝聚，尤其是当该机构拥有良好的决策能力时。然而，在欧洲却无法形成这样一个超国家机构，因为每个政客都更愿意固守一方，为了确保自己连任，什么事情都能做得出来。

欧盟其实并不存在，因为现在所谓的欧盟并不知道该如何超越分歧，如何把有关统一的定义传递给一个拒绝结盟的民族。英国“脱欧”、民粹主义等，如此多的主题和事件证明，欧盟仍然存在只是为了防止它的消亡会暴露出我们真实的经济状况。我们将欧盟保留下来只是为了这些成员的生存保障，并不是因为那个最初的乌托邦设想。议员们一边激烈竞选，一边又存着“脱欧”的念头。欧盟其实并不存在，其结盟的命运也注定是走向消亡。

2018年，欧洲层面上并没有打造世界或欧洲经济巨头的计划，国家层面上各国也没有这种计划。目光短浅和缺乏战略眼光扼杀了欧盟在各个层面上的发展。那些仅有的现行条例也都毫无价值，例如为了“保护信息”的《通用数据保护条例》。90亿欧元的庞大投资计划对列支敦士登这样规模的国家来说固然十分震撼，但放到5亿多人口的欧盟中却看起来荒唐可笑。《通用数据保护条例》只会使那些并不是欧洲人的领导人受益。这项措施将再次在欧洲大陆创造一系列的咨询式岗位，强制增设一些非生产性的工作岗位，这些对我们来说都没有什么好处。想靠90亿欧元投资获胜的计划，就好像想用2万欧元使巴黎圣日耳曼俱乐部赢得欧冠联赛冠军一样。韩国现代汽车宣布了一项为期5年、耗资200亿美元，使自己成为汽车行业领导者的计划。2017年，美国的私募股权总额为520亿美元。中国认为，在2030年，人工智能市场的价值将达到1500亿美元，而中国在6个月内完成的投资超过了欧洲在5年间投资的总和。看到这些数据，如果我们还剩下一些眼泪的话，在这里我们是该哭一哭了。

高速崛起的发展中国家

这些国家以非洲为首，包括南美洲以及亚洲的一些国家。（印度的案例已经在上一章中提到过了。）

非洲

我们还会回到这片土地上。那些曾经统治非洲大陆的国家，尤其是法国，从来没有兑现过对其的承诺。一直以来，我们闭上眼睛，对一切偏离轨道的现象视而不见，以便保持现状和这片大陆对我们的忠诚。而现如今，情况大大不同了，中国人进入非洲后，在那里建造桥梁、道路、公共建筑和机场设施，这对我们非常不利。中国人达成合作的优势在于其规模效益，财富可以在受到有限干预的情况下被建立起来，中国在非洲投资的基础设施和其他工业项目可以在非洲创造工作岗位。在非洲，机遇和各国间紧密的联系能够成为非洲复兴的工具。

南美国家

南美国家正试图使自己摆脱美国的干预和控制，但这并不容易做到。南美国家到处都是精明的剥削者，他们竟然能把自然资源如此丰富的国家剥削到发生饥荒的地步。腐败甚至能摧毁像巴西这样强大的国家；债务问题也时常困扰它们，产生各种发展陷阱，就像阿根廷，不得不脱离国际货币基金组织（IMF）。南美国家的人民都十分热情友好，非常愿意和欧洲相处，但遗憾的是，欧盟缺乏远见，而且地理上距离太远，这些南美国家并不能仰仗欧盟使自己繁荣起来。

海湾国家

从石油中获得收入的国家数量众多，但那些由于投资逻辑而给人深刻印象的国家都是海湾国家。委内瑞拉已经

“死”了至少10年。阿尔及利亚还停留在20世纪的水平，尽管该国有人口优势，却被那些政客和将军给毁了。

海湾国家是仅有的既有远见又有方法实现目标的国家。海湾国家的财富就像它们的油井一样深，并且它们已经招募到能够为国家制定有远见战略的人才。我们说的“我们没有石油，但是我们有点子”这句话包含着这样一种成见，那就是“拥有石油的人都没有点子”。但其实我们既没有石油，也没有所谓的点子。它们的石油虽然越来越少，但想法却越来越多。例如，城市中性能源项目、海水淡化项目、区块链、流动性、未来运输等，这些概念在海湾国家正在被提出，而且这些项目在当地进行得比在欧洲还要快。2020年世界博览会将在迪拜举行，埃菲尔铁塔、卢浮宫这些欧洲辉煌时期的遥远记忆将要在那里重现了。

当然，这些国家同样也有许多问题需要解决。它们同伊斯兰团体的友好程度各不相同，它们对西方世界抱有幻想，来自西方世界的资金使它们中一些国家繁荣的同时又使另外一些国家衰落，同时还为一些想要颠覆国家政权的人提供了支持。它们对于民主和女性地位相当个人化的阐释也是有问题的。但是退一步来讲，就像真理和善恶一样，其实民主并没有一个普遍的定义，不同的文化对民主有着不同的理解。

多年来，迪拜一直在技术、房地产、旅游业方面进行投资，取得了众所周知的成功。

卡塔尔在世界各地投资，其中包括那些引人注目的国家，这也解释了这个国家与其他一些国家总统之间的意气相投，尤其是法国！

自新王子发动政变以来，沙特阿拉伯就陷入了解放的狂潮。这场政变十分有趣，因为这是政变的“奢侈”版本：有钱的反对者被拘禁在五星级酒店里，女性将能够驾驶汽车，使用中性能源的新型城市和新型汽车将得到大力发展。下一届世界博览会、下一届世界杯都将在沙特阿拉伯举办，[①]而这个国家只需要慷慨地付一些“酬金”做代价就好。

在阿布扎比，一些像卢浮宫一样的博物馆陈列着来自哈佛大学的研究成果。这些成果显示，那些能够将艺术家、企业家和知识分子团结在一起的国家最终会成为世界的灯塔。

这些海湾国家的投资逻辑非常出色，它们得到了自己无法创造的东西，它们朝前迈进的时候我们却在原地踏步。再一次地，“非西方模式”被证实为具有优势。又一次地，人们几乎会怀疑，目前西方的持续衰落是否需要一个新的替代

---

① 此处为作者笔误，2022年世界杯将于卡塔尔举办而非沙特阿拉伯。——译者注

模式，因为衰落的民主使我们的人民迟迟看不到希望，并通过暴力手段将我们最终拖向民粹主义的深渊。

一些可以启发我们的模式

让我们以基因中蕴藏着的观念为依据，思考我们法国民族的未来。自15世纪末开始的两个世纪时间里，欧洲能征服并统治全世界，但为什么欧洲如今却无法重新成为世界领袖呢？这已经不再是如何去征服其他国家的问题了，尤其不再是使用武力征服的问题，而是我们如何才能在当今世界拥有一席之地，直至在某些领域我们仍能处于领导地位。为此，我们可以借鉴一些模式。

以色列

为什么以色列这么小的国家能汇聚如此众多的智慧头脑、企业家、科研人员和杰出人才？它靠的是灵活和“无间隔”政策。也就是说，有时为了一个共同的目标，科研和金钱是可以共存的。在法国，研究人员通常只是在做研究，没人想把他们的专利推广到全世界。这在以色列这个从不羞于谈钱的国家是不可想象的！在以色列，我们能在同一所大学里同时找到研究者和投资者，甚至还能遇到那些有能力实践自己的想法并尽力取得成功的企业家。

其实，以色列洞悉一切。在以色列的创新案例中，包括 Waze（免费交通导航类应用），Mobileye（以色列生产协助驾驶员在行驶过程中保障乘客安全和减少交通事故的视觉系统公司），Wix（一家基于云端的开发平台提供商）等，有60%以上都被我们认作是美国的，因为那些多是由美国投资的。以色列的市场太小了，而美国的市场很大，在创新这方面，美国人要比欧洲人走得更快，而且犹太人在美国也受到了更好的保护。因此，以色列人的市场目标是美洲大陆，而不是我们欧洲。犹太人正大量地逃离欧洲国家，而这些欧洲国家也已经宣布放弃保护他们，并且始终表现得像一个巴勒斯坦主义者一样，尽管这些欧洲国家甚至都不了解巴勒斯坦的现状。以色列将成为一个世界性的创新强国，这将确保该国自身的生存。

美国

我们要记住的是，一个强大的国家一定来源于一个强大的、统一的文化，而文化始于语言。我认为，欧洲不会再将有世界语言之称的英语视为实现绝对统一的工具。我们还要记住，一个负债累累的国家是会面临巨大问题的，除非它的未来已经十分明了，具有强大的力量和影响力，因为只有这样，这个国家才可以借钱度日，并且期盼在光明的未来能够偿还昔日的债务。

我们还应该意识到的是，美国人正在拿自己的未来冒险，他们采取了很多手段。他们更喜欢风险投资而不是人寿保险，他们想要的是未来的财富，而不是塞满了钞票的床垫，他们想要动态变化的年金，而年金对人们来说是一剂吗啡，可以带来毫无痛苦的死亡。风险会消灭一些人，但是绝不会同时消灭所有人，总有一些人是赢家，而且赢家丢掉的面包屑也不是不能喂饱我们，比起什么都没有，我们当然更喜欢赢家丢掉的面包碎屑。

诚然，过多地受到游说集团和商业影响的政治会出现偏差，出现过于宽松的立法以及明显的不平等现象。但是，这总比那些与工作实践和经济环境脱节的老政客领导下的政治要好一些，后者只会使我们为了保险起见而远离创新。

我们需要记住的是，外交政策必须为经济发展服务，只有洛朗·法比尤斯[①]理解这一点。我们的积蓄必须集中在那

---

① 洛朗·法比尤斯为法国前总理，前经济、财政和工业部部长。——译者注

些能够刺激并助推我们这个已经陷入困境的国家的项目上，每个对经济产生影响的政府部门都必须为国家的发展做出贡献。想想我们的那些公共订单吧，它们只是单方面地被分配给大型集团，而不能使中小企业受益。像往常一样，这是出于保险起见，而美国就对这些“保险起见”原则嗤之以鼻。这些原则在大多数情况下都对我们不利，反而却对我们的竞争对手有利。美国明白，中小企业是实现经济增长的宝藏，中小企业的订单可能是美国经济增长的荷尔蒙，于是美国把20%的标书都给了中小企业，而我们呢？

第十一章
我们恢复活力的关键

我们从中国那里学到的东西

现在的一切景象，不过是之前行为的后果浮出了水面，中国就是这一说法的有力证明。如果说新世界的变化和创新来自对旧世界种种限制的反抗和突破，那么中国的成果则是来自她的创伤，这个原理很好地解释了中国的雄心、手段和成果。

中国的实践证明，要想复兴或发展一个人口如此众多的国家，出手时就不能犹豫，明确的战略和坚定的执行力非常必要。要想在这个世界上取得必要的进步，就需要做出清晰、迅速和有效的决策。

要记住，我们需要一种或多种强大的力量来对现状进行改变，并且使我们国家的公司具有领先地位，尤其是在健康、数字和技术领域。

要记住，若想使数字行业有利可图，就需要一个庞大的市场。而法国在这方面的市场很小，这就意味着欧洲必须同那些不断崛起的大国合作，以便搭乘它们的便车抵达更高的层次。

要记住，我们必须打破科研人员、大学、投资者和企业之间的界限；必须在科学研究上投入大量资金，使科研能力得到增强，可以支撑做世界性的事情——做大事！我们不能满足于仅仅拥有大量的新兴公司，而是要立志将我们的企业建设成世界性的领先企业。

要记住，想要主宰市场，就不能在其他市场中消耗力量，哪怕这种消耗程度是可以接受的。俄罗斯和中国捍卫并保持了其领头企业的增长态势，而我们则以“公平竞争”的名义扼杀了我们的领头企业，这是不可取的。保护或者创造我们自己的领头企业刻不容缓，这并不会损害到一场完美的绝对竞争中其他竞争者的利益。我们宁可在不确定性中变革，也不愿意固守成规地等死。

我们应该指望谁

绝不是依靠政客

要想恢复活力，必须承认我们已经黔驴技穷了。哪个政治领导人会率先发声？当民粹主义轻易地向我们兜售过去的轻松时光时，谁会及时表明自己的志向？

科学技术有可能会深刻地改变社会、治理、民主、人、规范、规则，并且这种改变将是坚定的。在公共力量这一方面，谁会想要锯断自己正坐着的那根树枝？

政客是绝不会成为领舞者的，他们只会跟着没人愿意听的慢速流行乐跳舞。在不到30年的时间里，他们只不过是转换了一下音乐频道而已。如今的政客已成为希望的掘墓人，当他们像希腊哲学家一样侃侃而谈的时候，只是在让人们空做梦罢了。他们传播天下大同的思想，将几个世纪前的观念转化为现在的传播内容，为民意测验所左右，痴迷于独立生活，远离权力。西方国家的政客不再具有野心，也没有什么使自己获得成功的手段，他们不喜欢这个世界，却想要这个世界来爱他们，他们的以自我为中心取代了思想和良知，他们与外界脱节，使我们无法认为他们能够成为拯救社会并使之重生的人。如果我们指望他们的话，我们最终将灰飞烟灭。

也绝不能指望欧盟

政客们已经成功地摧毁了欧洲。欧洲本是一个和平的庇护所，能够成为经济增长永久的温室。欧盟本是一个基于一定数量、文化底蕴相近、能够超越个人主义的国家而建立的超国家集体。

现在，政客们却混淆了质量和数量。为了增加国家的数量，政客们不得不建立一种注定失败的机制，这一机制终将不可能实现欧洲的统一。因为这些国家没有共同点，有的只是不可调和的多样性，这一切最终会扼杀最初的目标。政客们制定的规则无法适应这么多发展水平如此不同的国家。企业在这样的环境下宛如置身地狱，因为这样的环境对企业来说毫无用处，甚至还十分有害。政客们根本不赋予企业任何实权，而最穷的国家则招致了那些资助它们的国家的嫌弃。从那时起，当选的政客中有一部分就是为了使欧盟的衰亡而存在的。

欧盟应该把有限的几个国家锻造成强大的内核，能够分享自己的理念和权力，而不是用参加人数众多的规模竞争，使用强权将彼此联合起来，也许目前这些做法是可行的。但是想要回到过去的状态却为时已晚，目前民粹主义者正在设法实践新的流行趋势："脱欧"。

欧洲市场的规模迫切需要一个比以往任何时候都强大的联盟，而我们却连这个联盟的雏形都没有，我们得去别处寻找这个雏形。

为了共同利益团结起来

谁将会是救世主呢？公民社会、企业家、企业、非政府组织、数字化企业？答案是：所有人。这是必然的，未来的发展趋势很明显。企业要通过它们的社会责任参与到世界的建设中来，而众多企业已经越来越意识到它们所承担的社会责任是如此重要，尽管有时它们是被迫认识到这一点的。

考虑到目前各国发展中的现实处境，企业承担社会责任似乎是最可行的解决方案，尽管企业的客观性遭受质疑。企业当然是为了经济利益而不是共同利益，它们只是间接地实现了共同利益，当然有时企业在发展中也会偏离这一目标。为了实现以人为本，就必须做到经济上的可持续性，这已经不单单是西方国家所面临的情况了，企业也面临着同样的情况。

我们的国家像大革命前的王国一样负债累累，险些破产。想要通过税收从人民和企业那里再多榨取一点财富已是不可能的。今后不会再有更多的债务了吗？这是不可能的，大多数国家已经用尽了手段和方法去应付各个国际机构所施加的预算限制。这样一来，将公共利益交给企业去实现的趋势就很明显了，同时国家还要从这一行为中获益，还要冒着违背企业初衷的风险，以更加间接的方式对其征税。在这一过程中，我们的国家并没有能力去协调各方面的努力，或避免个人间、部门间的偏见。

公共利益应该由国家来实施，由企业来执行，尤其需要在以下几个重要且互补的方面做出努力：

首先，应当保证这种利益真正是共同的，国家的主要责任和作用就在于此。我们的社会结构将发生变化，国家必须确保我们的价值在新模式下仍被保留下来，免遭其他价值的破坏。必须坚持以人为本。

其次，还要发展一种新的资本主义，这将会是法国或欧洲首创的、一种更加关注人类和长远未来的资本主义。在这种制度之下，生产力和利润的增长将不再是追求的短期目标，制度关注的将是建立一个人类的地位和重要性能够得以保持的世界。必须迅速将企业的利益与它们赖以生存的国家和人民的利益联系起来，就算不是出于良心，也要出于长远利益共享做这件事。我们必须找到一种使所有人的利益趋同并利益共享的方法，必须就寻求共同价值达成一致。

最后，共同利益达成的共识、可达到的效果以及公共政策对企业的包容结合起来可以创造奇迹。不过，这必须在欧洲有限的几个国家内进行。给私营部门提供动力的好处在于，可以避免关于“秘密欧洲”的争论。所谓“秘密欧洲”是指，由几个国家私下里隐秘地主导欧洲事务。这些聚集起来的国家能够找到一种经过协商的较为普适的方法，以实施对于它们而言代价巨大的战略措施，并通过这种超越国家（或部分超越国家）的联合，尝到一点高效的甜头。

可行的、日常的公私合作已经变得不可能了，实际操作的规则与现实相去甚远，投资、规避风险、责任以及衡量的标准也都大相径庭，以至于仅靠良好的意愿已不能填补它们之间的鸿沟了。只有在物质资源丰富的时期这些才是有可能实现的，因为每个人都能从中获益。在资源匮乏的时代，良好的意愿只能停留在文化差异的大门之外。

创新者、创业者应该和非政府组织一起承担责任。他们需要承担的责任是同等重要的，因为创新来源于前者，而后者则肩负着良知。

时间紧，任务重

留给我们多少时间来做出反应并行动起来？不到10年的时间，可能比5年的时间多点。为什么？

增长停滞的欧洲

就像一个老人的双腿已经支撑不住自己的身体一样，欧洲也正在陷落。然而对于一个失败的国家来说，要想重新站立，可不是做一个股骨头手术那么简单的，过去的谎言和逃避导致如今我们患上了饱受折磨的关节炎。国家的支撑就是人民，他们并不愿意离开欧盟母亲的怀抱，但是离开欧盟是否会大大改变他们的生活呢？谁也不是很确定。英国甚至通过“脱欧”做出了类似蹦极一般的冒险尝试。

然而，我们的关节正遭受关节炎的侵害，并不是因为关节被过度使用了，而是因为用得不够。由于受到民粹主义制约，无法开展国际合作，欧洲，或者说欧洲各国的政治丧失了真正的团结，丧失了本来能使欧洲跻身世界政治舞台的权力中心的机会。欧洲本来应该以团结一致为原则，现在却成了其内部分裂的受害者。

因此，欧洲无法拥有真正的世界地位，无法受到尊重和敬畏，无法使它的居民产生自豪感，欧洲居民本来是在乐观情绪的驱使下发展的。欧洲的项目发展和经济增长相对来说开始陷入了停滞。人们不再对未来抱有希望，以至于不再愿意生孩子。德国、罗马尼亚……还有其他许多欧洲国家，请赶快寻求人口和经济的增长吧！自从民粹主义开始在欧洲赢得一席之地，我们就进入了生产率止步不前的时期，而且还要面临内部激烈的竞争。而那些尚未倒下的国家，如法国，最后期限也就是5年了，一个总统任期的时间而已。我们必须在法国取得成功，然后依靠这个成功重新振兴欧洲。

美国高科技公司虚高的价值、负债率和日益加剧的贫富差距都是导致金融危机的因素，而美洲“金融危机”的蝴蝶只要稍稍一扇动翅膀，欧洲大陆的风向就会改变。而民粹主义者们就能借此证明，这个由强者撑腰的世界是如何只惠及富人的，因此有必要重新回到一个充满强权、集体主义和排他性的世界中去，将国家拉回到民粹主义者理想的世界。资本主义发展使个人主义抬头，为那些强硬的民族主义、纯净种族以及反对富人剥削的理念提供了支持的声音，然而这一切社会价值和信念所带来的分歧，所带来的制度之争和社会矛盾，正是我们所有不幸的根源。

一个任期，5年；两个任期，10年。这是阻止重大社会动乱发生的天花板。一旦这样的“民主”制度行不通了（这很有可能），一旦民粹主义无力给出答案，就只剩下一个解决方案了，那就是革命。

科技对就业的冲击

科技发展会缩短我们的赶超期限。这里存在的主要问题是数据，它是人工智能女神的一种超级维生素饮料，通常应用于“深度学习”。简而言之，只有大量且深度的数据才是可用的，才能构建相应场景，满足所有需求。同样重要的一点是，要学会学习，从错误中学习，不断完善，才能做得越来越好。为此，我们更需要惊人的计算能力，这解释了超级计算机在全球的竞争。目前，中国已经在这方面超过美国。欧洲计划在2018年开始将20亿欧元的投资用于该项研究（此处不做任何评论）。

人工智能正在迅猛地发展，就像核反应堆一样，人工智能行业自己就能给自己提供能量，从而使其自身变得更加强大。

在所有那些需要重复劳动且并不复杂的领域，人工智能都会悄悄地插一脚，这种介入目前还是隐形的，但却越来越精准。可以代替人类做出回答的聊天机器人系统，是首批出售给那些想要恢复或者提高生产力的公司的应用程序之一。最重要的是，人工智能有学习能力，而且是快速学习的能力。机器人曾需要几个月甚至是几年的时间才能学会击败围棋选手，而下一个能够击败这台机器人的人工智能只需要几个星期的学习时间。

从此以后，所有重复的、可自动化的“后台”工作将在之后的两年时间内被淘汰。但是，人们又可以在相同比例上创建与客户关系相关的工作（“前台”），以此来维持平衡。相反的是，预计从2020年起，人工智能和自动化将同时扮演“前台”和“后台”的角色，并在创造和破坏工作岗位之间造成巨大的失衡。这就是为什么关于人工智能和自动化对工作岗位产生影响的辩论会直接影响选举的结果。

选举的结果将由就业相关问题所左右。在民粹主义者试图继续反对欧洲联盟并通过开历史倒车来确保幸福的同时，他们因为内心担忧和恐惧，肯定会再一次通过释放恐惧情绪来支配越来越多的人进行抵制，这些人甚至不确定自己每天都在做些什么，存在的意义为何。

这种趋势看起来很令人沮丧，但不幸的是这种趋势却看起来可行。这很可能会伴随着产生一场重大的经济危机，许多人都认为下一次危机一定会发生，唯一不确定的就是危机爆发的导火线和发生的准确日期。一场新的危机肯定会对局面产生很大影响，像2008年世界金融危机那样，有一些人预料到了危机，甚至推动了危机的到来。当那场危机过后，1%的人拥有足以统治世界的财富，甚至在危机前有所增加。如果经济危机的时间能确定下来（大多数人预测在2020—2021年间发生），那么就像恐怖科幻电影里所发生的那样，第三世界将成为众矢之的，要抗击随之而来的社会暴力，而这将会十分艰难。

5年或10年都太短了！但困难也不是完全无法克服。我们应该结成联盟。人多力量大，就像在高山上，向导们知道人体的热量能够战胜极寒。但我们首先需要克服恐惧、犹疑、胆怯和其他缺点，然后才能够发挥广泛团结和人多力量大的优势。

第十二章
合作还是竞争？那些较小的国家

亚洲国家：中国，一个共同的合作竞争对手

小国家并不会被轻易吃掉，这是亚洲的经验。世界和人类是在逆境中发展的，而非在顺境中成长。最伟大的飞跃都是在一定束缚下实现的。对亚洲较小的国家和地区来说，中国似乎是一个强大的竞争对手，共同合作的道路不适用于韩国、日本。本来，这些国家和地区一直都在关注着它们彼此之间的分歧，但中国强大的力量让它们对这个竞争对手感到警惕，给这些国家和地区带来了一定担忧，以至于它们彼此之间的分歧突然之间就显得无关紧要了。

中国竟在如此大的范围内发展了潜在的伙伴关系，这也是挺有意思的。中国不仅与亚洲国家发展了伙伴关系，而且与欧洲国家有很多合作。韩国正通过一些欧洲杰出企业进行投资；富士康投资了法国音响业的佼佼者帝瓦雷（DEVIALET）；NAVER（韩国最大的搜索引擎网站）投资了福乐尔·佩勒林（Fleur Pellerin）[①]足智多谋的大脑。

如果我们不与这些力量结盟，那就大错特错了，因为它们无论是自身特点还是能力上都正好与我们互补：尽管优势产业势头正在减缓，但中国台湾地区仍有巨大的生产力；韩国拥有不可思议的创新和生产能力，还拥有现代、三星、LG等巨头企业；越南的实力也在逐步提高，人民能力越来越强，人口几乎达到1亿，实现稳定增长。这就要求我们尽快与这些国家和地区进行更高层次的会谈，进行多方面投资，制定市场互惠政策，并与那些想要或需要建立伙伴关系以维系自身发展的国家或企业进行积极合作。

---

① 法国女政客，投资基金会Korelya Capital的领导者，2017年10月获得了NAVER公司1亿欧元的投资。——译者注

南美，创业之地

南美情况更复杂，但与我们仍处于同一战壕中。南美士兵想要被拯救，但并不是被美国大兵瑞恩（Ryan）拯救，“厨房里的”那个瑞恩[①]也不行！南美各国有着极为相似的原因，希望停止对美国的依赖。正如乔姆斯基（Chomsky）等作者在书中所总结的那样，这是一种“我爱你，我也不爱你”的爱恨纠葛。长久以来，美国一直把自己看作是维系拉丁美洲和平的保护者，这让拉美人难以忍受。美国中央情报局支持或参与的他国成功或失败的政变、美国支持下的血腥政权，都给这片土地上的人们留下了不可磨灭的记忆。

这片大陆对欧洲，尤其是法国有着很好的印象。从20世纪90年代至21世纪初，巴西一直都是老佛爷商场的最大消费者之一！阿根廷对法国的热爱体现在日常生活中，体现在从法国进口、融入阿根廷建筑物的建材中。法国是一个浪漫的国家，拉美人沉迷于她的魅力和诱惑。更棒的是，即便我们在足球比赛中打败了他们，他们也不会过多埋怨我们，这

① 大兵瑞恩指的是1998年美国梦工厂出品的战争电影《拯救大兵瑞恩》中的角色。“厨房里的”那个瑞恩指瑞恩·斯科特（Ryan Scott），美国著名厨师，因为参加美食节目《顶级厨师》（*Top Chef*）而走红。——译者注

是不可否认的“爱情”证明！

但是南美很远，远到超出我们政策考虑的范围，比起乘飞机才能到的地方，我们更喜欢只需要乘高铁便能到达的地方，最好不用讲第二种语言。所以我们很少与他们打交道。梅朗雄先生在让国家挨饿的独裁者（委内瑞拉）身上发现了美德，罗雅尔[①]女士仍认为卡斯特罗解放了他的人民，这些事实证明了我们的政策已远远落后于历史，而且也丝毫不懂书写“未来的故事”。而以色列这个面积不大的国家却很明白这一点，因此它从零开始，在哥斯达黎加和乌拉圭的山区建了许多厂房。

尽管南美洲饱经磨难，经济上历经几次“过山车”般的动荡（用我们的话来说就是有好有坏），但南美洲仍然取得了一些成就，新兴的创业公司比比皆是，比如智利就是非常活跃的孵化地之一。南美的年轻人数量众多，他们所属的国家不同，受教育的程度也有差别，而这种差异性恰恰就是他们的优点。

与亚洲国家不同，在这里很少能一下子就找到与之进行重大合作的全球性巨头公司——因此你必须创造这样的公司。

---

① 此处指Ségolène Royal，时任环境部长的她在2016年12月去古巴访问期间，曾在卡斯特罗的追悼会上大力赞扬其生前的成就。——译者注

非洲，美丽而永恒的前景

有些人我们总想来日相见，有些梦我们总想来日实现，但似乎前进的每一步都离他们越来越远。对我们来说，非洲就是这种情况：永恒的希望，无限的延期。这里一些国家政府糟糕的统治，无可救药的领导人挪用公款、损害人民利益而不被惩罚，国家有太多复杂的问题要去解决，边界通常模糊不清，这些边界并没有将相似的人连在一起，却使相互嫉妒仇视的人走到一起。那些因非洲的停滞落后而受益的人，其背后关系也很复杂，他们一边掠夺着非洲的财富，一边阻碍着它的开发。

非洲快速的人口增长是欧洲所不具备的，但这些年轻人受教育程度太低，无法彰显潜力。这里移动手机的使用范围正在扩大，但能够连接互联网的手机仍然太少，而且手机通常太贵。大多数情况下，非洲培训课程的质量很一般，而可以克服这一问题的远程教育又有待发展。如果说非洲的基础设施比美国的差，那么这种说法未免太轻描淡写了。非洲对创新活动和创新者的投资很少，一些人挪用公款，而另一些人中饱私囊，因此资金无法被大量投入房地产或年金中。

非洲拥有一些不可否认的优点（人口众多，移动电话市场广阔，历史限制很少，中产阶级亟待发展……），使得欧洲想入非非，但这些都仍是潜在的设想。非洲社会仍处在动荡和混乱中，这与欧洲乱局的成因不尽相同，这里有政治阶层造成的、某些公司在经营上不按经济规则办事的情况，从而带来社会问题，显然他们并没有把精力放在社会建设上。

其他问题也同样值得担心。首先是萨赫勒地区，整个地区的人们因沙漠扩张而流离失所，同时有很多儿童失去家庭，人口过于分散，这些都妨碍了问题的解决。如果有一天，如此大量的男男女女想要移民，“涌入”欧洲大陆，可以打赌，他们的小船不会沉在地中海里，而是直达我们国家的中心城市。

不过，有些迹象仍让人对未来充满期待，那就是一个年轻、教育良好、充满了政治和经济革新精神的精英阶层的出现。投资者在培训中心投入上百万资金，以便使这里成为卓越人才的中心。在讲法语和讲英语的非洲国家中正在形成创业的温床，文化以及艺术家越来越被世界关注，自然资源亟待开发，越来越多的公司走向非洲，寻找商机并进行投资，尤其是在数字领域（如Jumia[①]，Africa Market[②]等）。这些公

① Jumia，非洲电子商务巨头，该公司拥有多个线上垂直运营平台，在14个非洲国家提供服务。——译者注

② 非洲第一个金融市场平台，提供各国最新数据指数及资讯报道。——译者注

司提供了很好的工资待遇以及男女受到平等培训的机会，这远比政府本身可以提供的要好得多。

很大程度来说，非洲在数字和科技领域仍处于未开发状态。目前，中国和印度在实物贸易路线和自然资源上投资了更多的项目。美国在这方面却几乎缺席了。欧洲虽然在收缩规模，但仍根据其不同的历史传统参与着。非洲人（至少西非是这样）喜欢欧洲人，尤其是法国人，我们仍拥有他们的好感作为资本。

摩洛哥在投资旅游业、收购当地公司并发展伙伴关系，尤其是在人才培训方面，已成为杰出的参与者。这个国家的雄心壮志远超过大多数欧洲国家，并且依然保持着非洲人对我们法国才有的亲近感。由此可见，我们在某些领域仍然有优势，这使我们能够克服自身的“短板”，并能为非洲带来很多好处。但是，在此期间最好不要忘记，非洲带给我们法国的一切，而我们应该让非洲的人们从中获益，应该让百姓获益，而非只给少数政治领袖带来好处！

非洲如何才能成为强大的引擎，重新激活欧洲的企业，同时又可以为世界提供一种与中国模式和美国模式不相上下但又同欧洲价值观相近的新模式？

非洲有很多优势：第一个优势就是它的潜力。拥有5亿甚至超过10亿人口给了非洲非同寻常的地位，天平很显然倾向于非洲。目前，非洲高速的人口增长仍然令人担忧，但这恰好体现了其潜力的第二个方面，即超过55%的人口年龄都在25岁以下，它有人口红利的优势。面对2050年平均年龄62岁的欧洲，我们可以看到哪个大洲将更胜一筹。

第二个优势，缺乏教条传统。这一优势看起来有好有坏。许多非洲人希望在某些国家有食物、有饮用水（萨赫勒）、能受教育（非洲所有地方）、得到良好的治理（非洲所有地方）、可以提升社会地位，尽管这个晋升阶梯一直以来都被强权者阻断了，但非洲知道适可而止，至少不会因为贪图享乐和靠吃利息生活而阻碍社会运转，至少可以避免社会结构被各类寄生虫搞得昏沉又僵化，而这些寄生虫很久前也曾为社会出过力，但随着时间流逝，他们从贡献社会已转变为危害社会。

非洲受这方面的拖累较少，与所有新兴国家一样，非洲可以直接接受新兴事物（跨越式），因为非洲没有被困在传统体系里。例如，这就是为什么线上教育在巴西、哥伦比亚和许多亚洲国家发展得比在欧洲任何地区都快。对于移动手机也是如此，非洲已经以闪电般的速度接受了移动手机，但是由于缺乏相应发达的经济，非洲无法像中国人那样开发出移动手机的多种用途。这就是为什么Orange[①]如此迅速地想要在非洲的线上支付领域施展拳脚，而不再等着欧洲人放弃他们的Minitel[②]。

旧传统的缺失为创新留下了自由的空间，只要我们能为它找到对大多数人都有用且有利可图的应用方式。在这里，无须讨好那些可以为了提高筹码而阻断电子通信的政治势力。虽然不良的政治氛围对因特网的普及是不利的，但我们欧洲人可以提供解决方案。

第三张“王牌”，需求。非洲的需求显然超出了其能力可以满足的范围。而市场一直在那里增长着，甚至可以找到中产阶级到来的迹象。中产阶级能接触到更先进的商品和服务，并能支付这些费用。萨赫勒地区需要技术、教育、绿化和经济活动，而数字技术可以将这些带到沙漠的最深处。

第四个优势，非洲渴望别的东西。非洲经历过殖民，殖民使这些国家处于一种依赖状态中，这极不利于其自身繁荣，而只有不服从又不被制裁的国家才能幸免。非洲需要其他的东西，这给我们留下了一扇敞开的大门。

---

① Orange是全球领先的法国电信运营商，其业务涵盖移动通信服务、互联网、电视等。——译者注

② Minitel是在互联网出现之前由法国研发的视频传真服务，可通过电话线路接通。——译者注

一个共同的机会：数字经济

数字经济正在发展壮大，并且其运作机制十分容易理解。我看到有一些投资者，他们有能力通过巨额投资承担大量风险，并且只要能让他们兴奋地酣战一场，他们不在乎开头的输赢。他们的目标很简单，那就是让我们金头发的同胞们能在短时间内把世界变成自己的游乐场，他们不用急着打败任何人。在自由主义的国家里，竞争看似使所有的弊端都得到了解决，人们尤其喜欢垄断。他们需要成为世界领袖，然后就可以得到足够多的资本来消灭所有的竞争。一旦获得了垄断的地位，就可以考虑经济模式的问题了，在获得这个绝对地位之前，任何关于盈利的问题都是次要的。一旦获得垄断地位，竞争就会被消灭，此时客户就只能有两种选择：放弃服务或者付钱。

大多数时候，这种模式很难持续下去，因为利润不够高。但正是这种大范围投资（在高估利润的基础上过度投资）使该模式争取到支配市场所必需的时间，然后股东们就可以坐享其成了。"竞争"，这种教科书上的名词解决不了实际问题。

数字化动作正在赔钱，这已经被写入它的程序中。苹果或微软的确在赚钱，但这两家公司都不是初出茅庐的新手。土生土长的"真正的数字化"公司比如亚马逊、Bla Bla

Car[1]和大多数平台都在赔钱，只有通过巨额筹款才能维持下去。但是，要想以人为中心，资金上就必须能撑下去。利润提供了这种微弱的优势，使人们可以照管公司，可以决定利润的分配并使用它来创造“积极影响”。

我们创造了一种基于过高评估的体系，它并没有可行性，也没有产生坚实的经济效益，比起靠雇用职员来盈利的公司的模式，我们更看重这个体系。

最后，为了得到少量的利益补偿，数字化运作需要巨大的体量。也就是说，需要有极大数量的个人或公司消费你的产品和服务。这正是非洲可以做到的，非洲拥有超过10亿人口，因而这些赔钱的模式能够在非洲坚持下去。试想一下，像Qwant 这种诞生在法国的搜索引擎可能拥有不过数百万用户，而在非洲却可以拥有好几亿用户，这庞大的数字化规模可以保证让它尽快盈利。

数字经济在非洲发展是非常合适的，非洲可以建立准确、快速和个性化的数字平台，如把所需的种子交付给农民，把药物送到需要的孩子手中，为年轻人提供在线培训服务。因此，非洲可以在短期内创造成千上万的就业机会。

---

① 它是一家法国线上拼车平台。——译者注

而对于欧洲来说，这将是一个重新振作的好机会，可以一边为非洲的成功做贡献，一边大赚一笔，所有人都可以从中获利。显然，利用这个可能会变成赔钱机器的、可能对社会产生毁灭影响的数字体系，我们可以创造一个赚钱的机器。虽然这些数字工具可能会让就业机会“一去不复返”，但恰恰是利用这些工具，与欧洲合作的非洲可以创造“即将到来”的新的就业机会。

像中国人那样做事

解决欧洲增长难题的第二种方法是重新找回理智和实用主义，结束不断创造赔钱机器的现象，像中国人那样，通过抓住一切机遇、完美的现实主义和对未来有益的规则来实现增长。我们应当学习中国的做事方式，放下40年来由欧洲制定并强化的残缺又盲目的规则。

欧洲的当务之急

中国和俄罗斯会寻找合适的契机进行市场调控，这主要是为了保护国内小型企业，直到它们成长为行业巨头。除了喜欢扼杀初创公司的欧洲国家外，其他国家都在尽力保护着它们的公司。面对欧洲初创公司的困境，我们可以提供一个折中的解决方案，让我们以Qwant为例——Qwant在法国纳税，并在法国招聘最优秀的员工——想象我们要求智能手机、个人电脑的生产商在欧洲销售其产品时，在其主屏幕上放置Qwant图标。欧洲92%的消费者都在使用谷歌，如此大规模的用户群极其罕见，对于Qwant来说，这些用户可以为其提供大量流量，从而使其成为市场的领军人——至少能获得与别人同台竞技的资本。然后，它将成为一个以非洲作为关键市场的潜在的全球巨头，从而为我们的未来做出贡献。消费者的习惯是可以被约束的，一旦消费者习惯了使用Qwant，他就会每天使用它，从而忘了谷歌。

但是任何明理自重的官员都会对你说，这是不可能的。这是一个生死存亡的问题，应该比那些使我们蒙受损失的自由竞争规则更受重视。对此，政治家们必须做出选择。欧洲的当务之急：一方面是向对体量有要求的数字公司提供巨大的市场；另一方面是让我们的初创企业能够像美国或中国的公司那样，成为行业巨头，摆脱欧洲企业“难成气候”的偏见。

投资与保证

我们的钱包空空如也。在我们的初创企业中投资巨额资金是不可能的（欧洲国家拿不出钱来），也是不可取的（官僚永远不会是精明的投资者）。

在法国，运作良好的法国国家投资银行（Bpifrance）仍是经济体系失败的证明，该体系未能促使私人企业发挥承担风险的作用。

因此，我们迫切需要实施一项税收政策，以刺激每个人把放在人寿保险那里睡觉的钱投资到未来的保障——公司企业中去。比起对不承担任何风险的投资者征税，培养有经济优势的成功公司反而会为我们带来更多利益。

最后，当我们只剩个空架子而没有钱时，我们仍然可以对未来做出保证—欧洲各国仍然是有分量的。它们凭借良好的信誉仍能对投资者做出保证，至少初期阶段是这样的。想象一下，欧洲保证对欧洲各地选出的100家年轻公司进行80%、90%甚至100%的投资，其目标是使每个公司在10年内市值都达到1000亿美元。到2028年，我们将拥有与美国GAFAM和中国BATX同样多的互联网巨头公司，最重要的是，这些公司是属于欧洲的。这10年是至为关键的期限，是我们振兴或衰败的分界线。

总而言之，我们需要保护我们的“孩子”，要让它们成长为巨人，给它们规定一个以人为本的道德模式，以便获取无限的机会。

让我们与非洲联手吧。然后，我们将成为世界第三大经济体。让我们重新点燃欧洲梦。

我们要意识到：一个非官僚的、倾向“全民社会”的、囊括了企业与公民的、超越民族的欧洲，同样可以找到一个传奇的模式，并将我们带入一个新的上升阶段。

与中国谈判

然而，盲目地、教条地、不加考虑地去战斗，将是荒谬的。我们既没有手段，也没有必要这么做。为什么不按照中国的意愿，并尝试将其意愿为我们所用呢？

中国想做生意，而我们想要强大的经济。中国想给我们的经济注入活力，这正如我们所愿。他们想提高人民的生活水平，正巧，我们也一样！但他们有足够多的方法，这是我们所没有的。

我们应该与中国做一些短期的、平衡的贸易。当然，这些贸易的运输要经过欧洲大陆，仅与法国进行谈判可能会让中国笑话，而且效率不高。

例如，发展中欧班列等都是双方必要的贸易促进手段。至于把中国商品运到欧洲的基础设施，我们要求那些通往巴黎、柏林或巴塞罗那的火车应由我们法国的公司或之前属于我们国家的公司建造，特别是阿尔斯通公司。用于运输货物的巨型集装箱是欧洲制造的，有何不可呢？在我们的船厂、火车站和机场也一样，我们可以把这些地方租赁给对方25年，一方面收取费用，另一方面我们最终还是会收回管理权的。

至于我们的创业公司，我们不是想要让它们成长为行业巨头吗？那就让中国人投资吧，我们可以借此换取进入中国市场的机会。除了一些战略领域外，只要欧洲能从中获益，即便资本来自中国又有什么关系呢？既然我们无法自己投资，那就要找到一个投资者。

我们想要就业机会？为什么不更认真地讨论一下在法国设立中国公司，以换取20年（这是中国4个五年规划的期限）可靠的工作机会呢？这对中国而言不算什么，但对我们而言却意义重大。投资问题不能以意识形态观念去评判，例如在法国制造中国汽车，或是在罗马尼亚、摩洛哥或其他地方制造法国汽车，前者又怎么会不如后者更高尚呢？

我们有一个不错的市场，那就是欧洲市场。怀着对互利共赢的追求，在不损害我们的价值观和主权的基础上，我们和中国完全可以在非战略性产品上进行协商，并进行贸易。也就是说，可以商量并交换的东西应该被商量并交换。至于具体的操作方法，我们还需要进行专门的研究。

结论

中国是一个杰出的竞争者，她带着显而易见的巨大雄心不断前进发展。尽管这些变化都已经清楚地展现在中国的五年规划中，并且为细心的观察者们所理解，但是似乎每个人都被中国的发展动向与变化震惊了。中国在尽善尽美地执行着这些规划，而我们却被伟大的往昔历史催眠而变得麻痹和被动。这些年我们对这些变化心生抵触，采取保守态度，反应迟钝。是时候醒来了！

那些认为未来属于它们的国家应当把中国视作典范，中国应当使我们深受启发并促使我们重振雄心，而这份雄心是与理解曾经我们未能参与构建的世界紧密相连的。这种认识应像悬梁之绳、刺骨之锥那样将我们从麻木中唤醒，而我们在世界排名第六第七大国的地位不应当成为我们自我徘徊、树立雄心的障碍。尤其是当我们不再位于世界十强的排名中时（依据预测这将会在2050年发生），这种辉煌绝不应当以成为落满灰尘、束之高阁、供人回忆的往昔历史功勋而告终。

欧洲诸国，正如一支球队的每位球员那样，各有所长、各有特色，但却缺乏作为整体的协调性和生命力。当面对像中国这样的强国之时，欧洲就暴露了自己的巨大缺陷，变得束手束脚。必要投资的体量及其让互联网平台重新盈利的巨大总量，都要求这支球员数量有限的球队必须自发携起手来并肩作战。而且，这场比赛要在某种意义上打得自私一些，并且可能要以伤害某些将国际竞争规则奉为圭臬的高尚意志为代价。这将是重新审视这些规则的时刻，不能因此而使我们在竞争中丧失生命力，世俗的欧洲没有理由不强硬起来，欧洲的仁慈只需要留给自己的成员。

在这场竞争中，我们已经有了一些天资、研究成果、一些企业以及富有知识的人，但我们缺乏的是那些不畏在民调舆论中承担后果的政治家。不要等到已有的资源被民粹主义浪潮席卷的时候，我们才去寻找这种破釜沉舟的勇气并做出反应。企业应当以最快的速度缓和问题，并为共同利益做出贡献，通过提出更加以人为本的模式使得世界深思，或者至少使得其中一部分国家认同我们的价值。政策应紧跟其后，因为我们需要一种全新的公私合作模式。

我们需要一种针对未来行业进行大型投资的共同政策，不论该政策是否符合我们的意愿。我们需要参与这场竞争，影响它或是接受它，但这并不意味着中国人或者美国人不值得来往，他们是竞争对手，而不是敌人。对于一场比赛而言，只有在每一个参与者都被迫依据各自实力而互相尊重的时候，这场比赛对各方而言才是均衡且富有建设性的。因此，我们应该冒风险，我们应当向它们投资，正如它们对我们所做的那样。我们必须承担风险，因为对那些将谨慎视作原则的人而言，成功只是一场例外。

那些不受我们的同胞和政客所重视的新科技将会支配我们的生活，而那些新科技必须为和谐的社会观念和以人为本的理念服务。在人工智能、数据处理、自动化以及其他领域，我们必须成为主导者，从而推行或者至少使他人尊重那些我们所确定的目标。

我们可以在其他竞争者之中筹划自身利益。5亿人口的优势足以让我们成为让任何一个有力的竞争对手用以对抗他人的目标，而这一切都将以我们自身的利益为考量。没错，我们可以从中国经由新丝绸之路走向世界的意愿和资本中获益。我们为什么要放弃这个机会呢？这是一个简单的利益问题。但是要记住，长远来看，抓住机会不等于损害我们自己，我们应当学会如何为了我们自己的利益而与中国和中国企业合作。为了达到这个目的，我们必须要强迫他们尊重我们，而不是让他们对我们施予怜悯。不要像我们在推行《巴塞尔协议》和欧盟有关清偿能力的指令时所做的那样，这些法令没有在美国推行，从而使我们的利益受损，所以我们要展现出作为进攻者而不是防守者的姿态，恰如我们在推行欧盟《通用数据保护条例》时所做的那样。未来属于开拓者！我们应当行动起来，不是要行走，而是要奔跑。中国和美国正在推行那些保障未来的规则，而我们却以过去的名义敝帚自珍，这样的话，我们将会以成为先贤祠墙上的铭文而告终。我们曾经见证了启蒙时代的光辉，现在是时候找到新的荣耀了！

未来值得我们拥有，但绝不应该是以我们参与历史书写的名义而存在，因为我们并不能掌控历史的书写。我们存在的意义只能在充满不同观点的世界里找到。我们存在的意义不是因偿还国家债务的缘故，因为债务只是一种惩罚，而不是财富，更不是创造新的财富。我们必须保存已经创立的一切，而不是挥霍它们，否则就只能勒紧裤腰带。让我们投资那些渴望并打算在世界舞台参与角逐并且愿意与我们合作的伙伴吧。我们要保持一种平衡。一个闪亮的未来意味着一个充满雄心与天赋的当下。如果“现在”只是一些浮出水面的“过去”，那我们更应当准备属于我们未来的“现在”。学习中文吧，学习中国文化吧，越多人学习他们的文化，我们就能越好地保持我们自己的特质。我们应当充满自信，否则中国人就会成为我们的下一个老板！

致谢

感谢一直以来支持我的人，他们的支持对我所做的一切无比重要。感谢每天倾听我的人，感谢您花费时间在这本书上，我感到非常荣幸。

——丹尼斯·杰奎特

我对中国充满兴趣，并已经研究中国的发展变化20多年了。没有亲人的支持，这本书是不可能完成的：我的未婚妻、我的家人、我的朋友以及我遇到的所有充满激情的人。我感激不尽，干杯！

——欧阳烨

译后记

处在蓬勃发展中的中国免不了受到来自外界蜂拥而至的评价与预测，这两年我们听到了很多批评，也感受到了不少的称赞与“捧杀”。但不论如何，了解他人的看法总是更有助于认清我们自己。本书作者丹尼斯·杰奎特是一个热衷参与政治的法国商人，他通过各种行动和长期的激进主义来保护企业、鼓励企业承担更大的责任。欧阳烨是一位创业型企业家，拥有管理大型、中型和初创企业的经验，在中国和欧洲多个行业拥有丰富的经验。作为法国商人，两位作者看到了中国崛起的经验，更看到了经济增长背后的社会、文化、制度问题。作为法国人，作者积极鼓励法国人民奋起直追，借鉴中国的发展经验，重振法国雄风。本书主体分为三个部分。第一部分介绍了中国从沉睡到觉醒的历史，主要包括中国古代历史、晚清历史、现代与当代革命史和改革开放历史。第二部分介绍了中国崛起的历程，对中国的发展经验做出详尽介绍。第三部分介绍了中国通过“一带一路”将中国发展经验推广至全球的故事，同时分析了可能对中国进行抵制的主要力量。第三部分提到了法国以及欧洲应该如何应对国际秩序变化及中国的崛起。

有趣的一点是，法国总统马克龙曾阅读过本书，2019年他访华的一些战略举动也可以在本书中找到对应的“预测”。

本书翻译工作由中国社会科学院欧洲研究所孔元老师主持，由4名译者分工合作完成全书翻译，共同进行全书校对工作：赵高雅（第一、二、三、四章，以及其他部分的翻译统筹工作），李加平（第五、十二章），马永芬（第六、七章），张笑语（第八、九、十、十一章）。王加骥对全书稿件进行了编辑润色。

此书作者的写作风格和语言十分具有特色，如偏爱使用短句，突然出现标点或断句。译者在翻译的时候力图在不影响读者行文理解的情况下保留了这种特色。

“中国道路”丛书

学术
《解放生命》
《谁是农民》
《香港社会的民主与管治》
《香港社会的政制改革》
《香港人的政治心态》
《币缘论》
《如何认识当代中国》
《俄罗斯之路 30 年》
《大国新路》
《论企业形象》
《能源资本论》
《中国崛起的世界意义》
《美元病——悬崖边缘的美元本位制》
《财政预算治理》
《预见未来——2049 中国综合国力研究》
《中国资本市场治理与开放》
《历史性跨越——构建新发展格局》

译丛
《西方如何“营销”民主》
《走向繁荣的新长征》
《国家发展进程中的国企角色》
《美国社会经济五个基本问题》
《资本与共谋》
《国家发展动力》
《龙的腾飞》

智库报告
《新时代：中国道路的延伸与使命》
《新开局：中国制度的变革与巩固》
《新常态：全面深化改革的战略布局》
《新模式：走向共享共治的多元治理》
《新征程：迈向现代化的国家治理》
《新动能：再造国家治理能力》
《全面依法治国新战略》

企业史
《与改革开放同行》
《黎明与宝钢之路》
《海信史（2003—2019）》

企业经营
《寻路征途》
《中信创造力》

专访
《中国道路与中国学派》
《21 世纪的中国与非洲》

人物
政治
战略
金融
《重读毛泽东，从 1893 到 1949》
《创新中国集体领导体制》
《国家创新战略与企业家精神》
《新时代下的中国金融使命》
《中国系统性金融风险预警与防范》
《新时代中国资本市场》

管理
《中国与西方的管理学比较》